겨울비,

눈 이 되 지 못 하 고

정
승
준

말해줄래요. 괜찮다고, 고맙다고
눈이 되지 못해도 좋았다고

첫눈이 내리던 날
온몸으로 맞고 싶었죠.
하지만
시인이 살고 있는 이곳에서는
찬 겨울비가 가득할 뿐

호사스러운 카페에서
통창 너머 비를 바라보는데
문득
겨울비가 측은하게 보이는 거야!
저라고 첫눈으로 내리고 싶지 않았을까요?

무언가 되고 싶어 하는 사람들
되고 싶은 많은 것들
그래서
일찌감치 포기해 버린 시간과 미련들

꼭 말해줄래요.
괜찮다고, 고맙다고
눈이 되지 못해도 너무너무 좋았다고
여기 있는 것으로, 나에게

그리고
길동무에게

차례

시인의 말 003

그리움, 차마 어찌하지 못해서

01

겨울비 III	010
난독증	011
소 치는 아이가 되고	012
쌀바위 가는 길에	013
약속	014
겨울 변명	015
길티 플레저	016
그런 한 사람	017
삶은 감자	019
저장강박증	020
오월 하순에	022
기회	024
첫사랑	026
동상이몽	027
해바라기	028
경고	029
그래도	031
아내에게	033
방앗간에서	035
청개구리 II	037
해 질 녘에	039
내가 기억하는 시간	040
중산층	042
야구장 가는 길	043
비디오 판독	045
안녕, 광안리	046

02

시인도
이야기 속에
자기는 없다

겨울, 밤 지나 새벽이 오면	048
어느 겨울밤에	049
다시 입춘	051
문상	053
초승달	055
배롱나무꽃	057
보름달	058
봄날을 위해	059
바람, 바램	061
백년어서원	062
역설 I	064
역설 II	065
진즉 알았다면	066
일찍 핀 봄꽃	068
고사리	069
화가처럼	071
이팝꽃 흩날리는 밤에	073
라일락 뜨락 1956	075
오월에 오십시오	077
그날에	079
황매화	081
질문	082
먼발치 사람	083
왜	085
가을비 II	086

03

반가워,
깨달음으로
일구는 삶

꽃밭에 둔 자전거	088
첫눈 오는 날에	090
선잠	092
잠 놓치고	094
달집 짓기	096
달님의 마음	097
그레샴의 세상	099
잘못된 이유	100
초보	102
봄날, 지렁이에게	103
민들레꽃이 뽑혔습니다	105

당신을 깨워줄 사람 있습니까?	107
잡담	109
아무 일 없었다는 듯	110
하루 III	112
업	113
로봇 청소기	115
방책	117
칼잠을 잔 상추	119
마늘 농사	121
눈 깜짝할 하루	123
핑계	125
전직으로 살기	127
지난 바람이	129
잠	131
그때도 오늘같이	132
청개구리의 눈물	134
동문서답	137
혼밥	139
몽땅 지렁이에게	140
열대야	142
텃밭 공화국	143
여름 폭우	145
엄살	147

매번 흔들리며 함께 걷는 **여행**

04

사자평에서	150
같은 듯 다르게	151
흔들리며 가는 길	152
비행기는 멈출 때 더 굉음을 낸다	154
서울 가는 버스 안	156
하산 길에	158
연어	159
늘	160
한림항에서	162
비양도 가는 배에서	163
윗세오름	164
숨골	166
일출 보러 가는 길	167
제주에서 낙조를 보다	169
오솔길	170
운해	171
바탐섬으로 가면서	172
반딧불이를 찾아서	174
삼박 오일	176

내 짐이 무거워
다시 꺼내는
기도

05

아버지와 아들	180
다 이루기까지	181
적반하장 II	183
선물 목록	185
아름다운 나라	186
새벽 예배당	188
이름값	190

녹슨 못으로	192
소격	194
잊고 산 것들	196
머피의 봄비	198
뫼비우스	200
잡풀	201
웃을 수 있다면	203
기도 IV	205
샐리의 법칙	206
새벽에 다시 드리는 기도	208
아마도 그럴걸	210
창세기 35장	212
깜빡깜빡	214
나와 나의 종을 위하여	216
어깨동무	218
이미 버렸노라!	220
혜존	222

에필로그	223
파워배드민턴 회원 작품	224
나는 이 시들을 읽었다	231
이제는 이 길을 걷고 싶습니다	236

01

그리움,
차마 어찌하지 못해서

해바라기

바라볼 곳이 있다는 것은
바람이 있다는 건
기회이다.

겨울비 III

한번 떠나간 그리움 차마 어찌하지 못해서
소리도 없이, 찬바람 거슬러 온다고
힘 빠져서, 녹초가 되어서

이른 계절에, 초대받지 못한 아픔으로
그 그리움, 눈이 되지 못하고
눈 되지 않은 채로

손꼽아 기다리던 소식 앞에서
차마 말 못 하고
뚝뚝 떨구는 눈물

오고 가는 부산한 걸음걸음에 매달려서
사무친 설움, 서러운 슬픔으로
쩍쩍 갈라진 광장에서

외로이 홀로 서 있는 사람아
울고 있는 사람아

미안하구나

난독증

익숙하지 않았던 삶
홀로 남겨진 인생길에서
밤이면 깊은 밤마다
새벽을 앞세워서
지독한 어둠 지나도록
무섭기가 지독한 실어증으로
가을 지나서 봄바람까지
토해 버려야 할 걸린 가시 같은 존재는
삼킬 수조차 더욱 없었기에
꺼억꺼억 소리만
넘겨지지 않은 책장 한 장으로
새벽까지 저미고는
알듯 모르듯
말인지 생각인지도
삶이 되지 못한 서러움으로
시간에 사로잡힌 포로가
눈만 멀뚱하고 있다.

소 치는 아이가 되고

죽었던 어둠
여명, 눈짓 한 번에도
나그네 삶은 가벼워야 하는데

소한 대한 사이에
눈 대신 비 내린 날에
계절 시계추가 점점 빨라져 가면

철 따라 맞춰 둔 몸뚱어리
하늘 잿빛 찌푸린 날씨 닮아서
어정쩡한 세상살이에 따라가지 못한 채로

출근은 자꾸 늦어지고
길어진 하루만 탓하는 게
옛시조 속 아이가 되어 버렸다.

쌀바위 가는 길에

산길 갈 길 아직 먼데
흘렸구나!
눈길 가에
쌓인 쌀알들

내가 힘들어서
몰랐구나!
미안한 마음에
훔친 방울들

너무
힘들었구나!
견뎌온 지난한 삶에
아문 상처들.

약속

이곳에서 이제는 만날 수 없을 것이다.
당신을 만날 때마다
흘렸던 눈물

이제는 눈물을 흘리지 않을 것이다.
당신이 생각날 때마다
올려다본 하늘

그곳으로 당신을 만나러 갈 날이
하루 더 가까워지니까
점점 설레는 거지.

겨울 변명

한번 떠나간 그날 밤
언젠가는 돌아올 것이라고

동산 위 보름달에
함께하자고 손가락 걸고

오늘 밤도
하나가 빈 것 같아
선뜻 따라나서지도 못하면서
한참 서성거리고

다음에 찾아올 그때에는
기다림 끝에
쌓인 설렘으로
쉬이 알아볼 것이라서
괜찮다고

또 떠나가고
돌아눕고

긴긴 겨울밤에

길티 플레저

누구의 경험담인지, 누가 지어낸 것인지도
내가 만든 것은 아닌, 언제 적인지도 모르는
조각조각 기억나는 입방아질 하나

매일 정한 시간에 기도하기로 작심한 사람이
방해꾼 강아지를 침대 다리에 고삐하고
기도하다가, 얼마 지나지 않아서는
핑곗거리 수백에 기도는 개뿔, 강아지 고삐만
묶었다가 풀었다가 한다는데

나도 모르게 내 것이 되어 버린
숱한 습관과 루틴, 말과 행동거지가
강아지의 고삐가 아닌지

언제부턴가 초심은 희미해지고
작은 손익만 급급, 초조해하는 내가
변명민, 늘어나는 체중 같아서
화들짝! 놀랐다.

그런 한 사람

그리운 사람이 있는가!
마음속에서 지워지지 않고
맛난 것을 먹을 때면
함께 먹고 싶은
그런 사람이 있는가?

보고 싶은 사람이 있는가!
눈을 감으면 더 또렷해지고
시시콜콜 내 이야기에
함께 하고 싶은
그런 사람이 있는가?

희망이 없이는
하루도 살 수 없는 사람이
우리네 삶이 아니던가!

사랑하는 이 없이
한순간도 견딜 수 없는 것이
우리네 사람이 아니던가?

그리운 사람
보고 싶은 사람
그런 한 사람을 갖자!

너 나 우리
서로에게
그런 한 사람이 되자.

삶은 감자

삶은 햇감자 한 소쿠리에는
어릴 적 그리움이 알알이 담겨 있다.

두 아이와 휴가로 찾아간 고향 집에서도
배달 앱으로 맛난 것을 시켜 먹었다는
불혹 조카의 묘한 웃음.

아이들은 삶은 감자를 먹지 않는다.
포테이토 쿠키를 찾을 뿐

그럼에도, 그 시절, 그 냄비에
나는 감자 가득 그리움을 벗겨 먹고 있다.

저장강박증

미니멈을 말했지만
집과 차는 큰 것을 좋아했고
풀지 못한 이삿짐 상자는
붙박이 가구처럼
익숙해 보이고

삼십여 년 월급쟁이 끝내는 날
넓고도 좁았던 내 자리 정리하는데
십 년 이십 년 아득한 추억이
포스트잇 메모처럼
덕지덕지 붙어서

만감이라고 하는지
상자에 담기는 물건마다
이랬다저랬다 마음이 흔들리고
저장강박증 환자처럼
주섬주섬 쌓이고

갈림길에 손바닥 침 튕기듯
새롭게 계획하는 삶의 날에

힘들고 어려워서 지쳤던 그때마다
손잡아 주던 사람들이
알알이 저장되고

오월 하순에

시작은 아득하니 멀어지고
채워 가야 할 날들이 바닥을 드러내면
설렘도
아쉬움도
부끄러움이 되어
지난봄 담벼락 밑에 옮겨 심었던
가시나무에
오월이
장미꽃이
불콰하게 한 송이 맺혔습니다.

노동이 권리가 되고
사랑과 헌신이
진한 그리움으로 남겨진 계절이
달콤한 추억으로
아련한 기억으로
하루하루
분주했던 몸 그리고 마음에
피멍처럼 맺혀진 응어리 하나, 하나가
장미 꽃잎 따라 떨어집니다.

오월이 검붉게 번집니다.

떠나가는 오월 끝자락 오늘도
장미 향기 같았던 당신
진한 추억이
쓰린 기억으로
낮술에 발그레 취한 듯
횡설수설
주저리주저리
당신을 보내지도 못하고
일어나서 쉬이 떠나지도 못하는 나는
빈 잔에도 불콰해집니다.

기회

기회가 앞문을 두드리고 있는데
뒤뜰에 나가서 네잎클로버를 찾고 있지는 않았는지
라고, 말하는데

눈에 좋아 보이는 것에
귀에 촉촉이 젖어 드는 말에
너의 작은 경험과
지식으로
너의 선택이라고 말하지만

매번 후회를 거듭하면서도
투기인 줄도 모르고 투자라고 삼십여 년 우긴 것도
귀에 혹한 말 한마디
눈앞 일에 취한 게
욕심부린 네 탓이라지만

세상은 나의 슬픔에도 아픔에도
일도 관심이 없다는 사실을
익히 알고도 경험했기에
남몰래 로또복권 한 장에도 행복할 수 있었는데

다만, 내가 가진 패가
네잎클로버 비슷한 그 무엇도
앞문과 뒤뜰도 없는 단칸방도 감지덕지였다고
기회도 선택도 사치이었기에

문 두드리듯 찾아온 당신을
맞아들일 수 없어서 상처만 남은 그리움으로
오늘에야 당신에게
가슴 저민 옛 노래를 불러봅니다.

첫사랑

덤으로 얻은 것도
거저 받은 것도 없다.

지내고 보니
제 값과 제 몫이 있었네.

왜 그리
아등바등했는지

돌아가고 싶지 않은 과거이지만
당신은 그대로였으면

욕심이 과한 건가?
통 반응이 없다.

동상이몽

당신 떠난 지도 삼 년

하릴없이도
바쁘게 하루를 보낸 뒤
쉼을 방해하는 개구리 울음소리가

누구를 찾는 외침인지
무엇을 잃어버린 탓인지

범벅된 땀이 잦아지면
밀려드는 진한 그리움으로
내 마음 헤집어 놓고 마는 초여름 밤

문밖 와글와글 당신 노래 같아서
까만 어둠으로 찾아 나서다가
인제 그만! 잊어야 하는데

현충일 앞둔 그믐밤이라서
다시 듣고 싶던 당신의 노래가 들려서

마지막처럼 소리쳐 불러본다
살아있어서 나도 운다

해바라기

그리움 꼭꼭
감추다가
눈부신 오월 태양 아래
고개 숙인
해바라기꽃

당신 생각하는 내 마음
동그란 가슴에
미안함으로
상처만
까맣게 까맣게

당신 가슴에도 가득 차면
노란 꽃잎은 가고
까만 흉터가
주름 잡혀
날 찾아서 다시 오겠지

경고

빈방은 위험하다.
사람 인기척 없이 오래 방치된 곳
오랜만에 찾은 무관심에 보복당한 것일까?

우리 집 아파트 가장 깊은 공간
완강기가 매달려 있는 방
육중한 철문으로 늘 닫힌 그곳

세 해 전인가? 네 해 전인가?
아내가 담근 매실 항아리 세 개
가지런히 놓였던 방인데

하얀 벽은 어디로 가고
시꺼먼 곰팡이 군대가 칙칙한 냄새로
여름 칡넝쿨 뒷산처럼 점령지의 무법자 세상

마음이 떠난 곳에는
관심도 사람도 떠난 지 오래
아침저녁 안부 묻던 그 사랑이 없어서

……

빈집은 더 위험하다.

그래도

길가 보도블록 위
노랗고 누렇게 널브러져 있다.
한여름 불볕더위에 녹초가 된 탓인지
다가올 겨울 채비를 하는 것인지
봄꽃으로 뒤덮었던 그 길
푸른 녹음으로 햇볕에 맞서더니
파랗게 멍든 가을 하늘 사이로
토너먼트에서 진 선수처럼

아직도 삼십 도를 넘나들고
할 일은 산더미처럼 남아 있다.
여름 가고 오는 가을인지
태풍 지나듯 잠시 쉬는 것인지
폰에 담아 편집하는 시집
여름철 등목하듯 좋아서
벤치에 널브러져 앉았다가 누웠다가를
발표 기다리는 수험생처럼

당신 떠난 지도 칠백이십오일
애원하며 매달렸던 그때 그날들

할 수 있는 것도
해야 할 것도 없어서
발만 동동, 애만 태우면서
괜찮을 거라고, 곧 회복될 거라고 …

그래도 가을은 오는가 보다.
그래도 내가 아니라 당신이 먼저라서
그곳이 더 좋은 곳이라지만 …

떨어진 낙엽들은 쓰리고 아프다.
내 마음처럼

아내에게

고추밭에 고추가 익어간다.
원초적 본능의 입술처럼
빨갛게 요염하게
팔월 뙤약볕에
가뭄 들까 봐
짙은 먹구름에
태풍 칠까 봐
먼저 떠나간 지 삼 년
코로나로 동동 발걸음에도
자기보다 남을 먼저 걱정했던 당신
고추밭에 영근 그리움으로
새벽잠에서 깬다.
이물과 고물처럼
이랑과 고랑이 금실 좋아
나란히 나란히
한참을 쪼그리어 고추 따낸 자리에
허리 곧게 펴서 등짐 약통으로 분무하면
미안함과 고마움이
빨갛게 익어가는 고추처럼
주렁주렁 달려서

눈가에 맺힌다.
고추밭에 잘 익은 고추가 매운지
농약이 독한 것인지

방앗간에서

부릉 부르릉 끼익 끽
기계음만 요란한 도시와는 달리
시골 방앗간에는
절굿공이가 네 박자 뽕짝에 맞춰지면
오십여 년 전
허기에 잡힌 배를 안고
침만 꼴깍꼴깍한 신작로 방앗간으로
그땐 빤히 쳐다보는 내 또래 여자애 때문에
가까이 다가가지도 못한 채
멀찍감치 입맛만 다셨지

아마도 요만때는
고춧가루를 빻는 것이
그때나 저 때나 매양 같은 일인데
그 애는 어디로 갔는지
곱게 외출복 차려입고 차례 기다리는 노모들만
가득가득 꽉 찬 건고추 자루 사이에 앉아서
아들네 딸네에 나눠 줄 생각으로
매운 고춧가루 기침에도 자리를 지키며
고단한 줄 모르지!

형제가 없는 형제 방앗간 간판 안에는
붙임성 좋아 보이는 며느리가 시어머니랑 알콩달콩
갓 빻은 고춧가루 종지로
두 근, 세 근, 다섯 근씩
색색 비닐봉지에
야무지게 넣고는 여미어 두고 있지

나 몰래 맵디매운 그리움도 한 줌
한 움큼 옛정도 담기네

청개구리 II

끝까지 내 마음대로 할걸
잔소리에 저민 마음이
켜켜이 쌓인 탓인지
단 한 번 맞춰 준 것인데
후회막급 되다니

무엇이 바르고 옳은지
무엇이 좋고 나은지
묵히고 삭혔던 것인지
뒤죽박죽된 지도 한참인데
접지도 못하다니

잘하려고 했어요.
잘해주려고 했어요.
근데 내 마음대로 안 되는지
나 자신에게 화가 난 것인데
다들 뭐라 하니

이제는 도통 모르겠어요.
이랬다저랬다 하는 당신 마음 같아서

엇갈린 기찻길인지
나는 나대로 당신 위해서 한 것인데
제대로 닿지 않으니

어쩔 수 없어서
할 수 있는 것이 없어서
헛된 발버둥질인지
이것도 당신이 좋아하기를 바라는데
주책없이 흐르기만 하니

해 질 녘에

폭염이 아직 크게 화를 내는 계절에
한적헌 동편 대청 위로
여린 그리메가 걸터앉으면
불 댕겨진 가슴으로
가마솥 장작에 불씨를 더해서
끓는 물에 생닭 두 마리에
마늘과 파, 대추와 밤에 엄나무 가지 서너 개 넣고
삼복도 입추 지나 처서까지
불볕더위로 그냥 지나쳐 버린 탓에
고운 임 모시고
별빛 초롱초롱한 가을을 맞으려
한적헌에 오신디길래
굵은 땀방울 소낙비처럼 내려도
바람결은 시원해서
등목해 주던 당신이 생각나서
불멍 하는 아궁이가
서산 노을처럼

너무 고와서 눈물이 납니다.

내가 기억하는 시간

팔월 마지막 월요일
예초기 소리가 요란한 이곳으로
막내 학교에 태워다 주고
찾아온 당신 옆 내가 올 자리
자리를 깔고 우산 하나 어깨에 펴고
"너만 기억하는 시간이 있다"를 펼친다.

예초기 소리에도 박자가 있어서
노래를 따라 흥얼거리듯이
스쳐 지나가는 생각과 장면들
인부들의 웅성거림과 거친 숨소리가
십 분씩 예초기 소리가 쉬어갈 때면
여름 폭양처럼 따갑게 몰아치고 있다.

추석까지는 스무날
잘려 나간 잔디 이파리의 비명소리가
갓 벤 풀 향기처럼 역설적인 것이
나의 도플갱어로 산 당신에게
마실 나온 듯이 국화 한 송이 없이도
고추잠자리 한 쌍이 평온하게 놀고 있어서

자주 오겠다는 말은
자주 찾지 못할 것이란 것을
이제야 조금, 조금씩 알아가고 있다.
명절과 아무개 날들이 왜 필요한지도
삼 년도 추석도 앞으로 남은 날도
기억해야 할 시간이 행복이라서

중산층

나에게 넘치는 것을 팔아서
부족한 것을 채우다가

내가 좋아하는 것을 얻고자
싫어하는 일도 했는데

언제부터인가
호기 부리며

꼭 필요하지 않은데도
사고 자랑도 한다.

야구장 가는 길

아빠, 야구 보러 갈래요.
아내 길 떠난 지 삼 년째 되는 날
연차 내고 날 비워 두었다는 큰아이가
아직 삼십도 오가는 뜨거운 낮
날 좋다고 날씨가 좋아
좋다고
아내 닮은 말로
아내에게 갔다 오는 길에
좋은 자리는 벌써 없다고 투덜투덜
중앙상단석, 시원하기는 할 것이라고
땡땡이친 둘째가 예매하고
큰아이는 간식을 사고

아빠, 응원은 따라서 하면 돼요.
가을 야구 기대치는 22퍼센트
밋밋한 투수전에 기대는 실망으로
5회 초 연이어 터진 4개 안타에 실책 더해서
4점이나 내주고도
한 점 따라붙은 5회 말 안타 하나에 환호, 함성으로
기대는 희망이 되어서

7회 말 6점 더해서 역전승이라니
중앙상단석 높은 곳에서 내려다보이는 다이아몬드가
예뻐도 너무 예쁘고
고와도 너무 고운 것이
그냥 좋아서

같이 와서 봤으면
당신도 함께 자리했으면
다음에 다음에 가자고 약속하지나 말걸
쑥스러움 미안 잠시 접어두고
롯데 롯데라고 따라서 외쳐본다.
익숙해지는 응원가에도
무언가 하나 빠진 서먹서먹한 것
목에 걸린 가시처럼
꽥꽥 막혀 오는데
아빠랑 오니까 재밌네요, 다음에도 또 와요.
좋은데 너무 좋아서도
미인에게 미안이다.

비디오 판독

심판의 애매한 판정으로
편파적이기까지 했고
우리 편만 손해 보는 것 같아서
함께 보태었던 역정들

약속 엉클어진 주말 오후에
배구 중계 보는 내내
비디오 판독에 감탄하면서
혹시나 하는 걱정들

감시 카메라에 찍혀온 범칙금같이
지난여름 일 다 안디고
녹화된 영상처럼 재생된다면
불편할 수밖에 없겠어!

카메라처럼 바라보시는 하나님
당신 눈에 찍힌 내 속마음, 속사람이
숨기고 싶은 후회뿐이라서
구하는 은혜는 간절하고

안녕, 광안리

추억이 된 곳은
어김없이 작고 정겹다.

엄청 넓을 거로 생각했던
초등학교 운동장이 그렇고
일 년 만에 찾아온
광안리 해변도 그랬다.

막 발등에 떨어진 급한 불똥처럼
안절부절 밤잠 설쳤던
진한 호들갑도
죽는 것이 더 나을 것 같던
몸서리친 아린 열병도

묻힌 채 지내온 시간에
기억은 점점 엷어져 가노라면
작고 아담한 추억 상자가 하나씩 놓이는데

유독 넓고 편안한 이 해변에 오면
죽지 않고 더 또렷해지는
괴물이 하나가 있다.

02

시인도
이야기 속에
자기는 없다

데칼코마니

다르다고 손가락질하지 마
똑같으면 무슨 재미니
달라야
특별한 거지

겨울, 밤 지나 새벽이 오면

사프란 고운 빛깔의 에오스가
장밋빛 여린 손가락으로
세계를 품은 큰 바다 오케아노스에
가는 물줄기 하나를 땅 위로 살짝 한번 퉁겨내어
시작되는 희랍의 하루처럼
긴긴 겨울밤 지나고
파란 물이 뚝뚝 떨어지는
살아내고 있으므로
죽을 수밖에 없는 존재가
죽음 모르는 신과 같은 세상으로
하데스에도 갔다 온 오디세우스 흉내 장착하고
내 사랑 페넬로페 찾아서
긴긴 하룻길 나서고
새벽에

어느 겨울밤에

소한 얼음 녹는다는 질퍽한 대한 날씨에도
시골의 겨울밤은 여전히 차고 깊은데
잠자리 찾아 일찍 떠난 붉은 놀이
사프란 빛깔로 다시 올 때까지

밀쳐두었던 두툼한 오디세이아 모험길 따라
가슴 졸이고 아쉬워서 주먹질도 두어 번
밤이 삼 분의 일만 남게 된 시간
별들도 잠자리에 곤히 자는데

보일러 온도 최강으로 높이고도
두툼한 담요 밑만 찾던 내가
호메로스의 대서사시 육백 페이지
허세 가득 찬 이야기에 끌려서

죽음을 넘나든 영웅담을 곱씹으며
다시 만난 페넬로페와 진한 사랑보다도
먼 곳에서 미리 싸워준 아들 텔레마코스의 용기로
읽기조차 헷갈린 이름들을 적어가며

눈꺼풀 위에 찾아온 달콤한 잠도
내일로 미뤄 둔 이른 약속도
아시안컵 축구 응원도 잊은 채로
장밋빛 손가락이 다시 찾아올 때까지

다시 입춘

또, 새봄이다.
살아 존재함으로
관계 맺음이 남아 있어서

모든 죽었던 날처럼
참고 참았던 다시 오지 않을 시간이
광대나물과 개불알꽃으로
부지런한 페북 친구 덕에 찾아오고

다시 출발점에 선 사람
모든 새롭게 시작하는 것들이
때론 지친 기다림 끝에
때론 넘치는 의욕과 함께

숱한 도전 그리고, 실패들
이별과 슬픔, 흘렸던 눈물까지
헤아릴 수 없을 만큼 지나쳐 온 일상에도
다시 일어나 가야 할 길이기에

아직 내게 남아 있는 것으로

그물에도 잡히지 않을 바람처럼
내게 다시 주어질 많은 감사의 제목으로
사랑으로 희망을 심으며

동장군 뒤쫓아서 찾아온 새봄 소식에
죽음만큼 아팠던 지난 기억으로
출발점이 제각각이라 할지라도
다시 찾아온 기회이기에

또다시 만날 그날 그때까지
모든 새로 시작하는 것들을 위하여
축배를 높이 들기로 하자.

문상

고향 친구 엄마가 죽었다.
8시 47분에 엄마 저세상 갔다고
고삼 짝지가 보낸 하얀 톡에

고인의 명복을 빈다고
서울 부산 대구 각지각처에서
이제 이런 일로만 본다고

은퇴 후 과로사할 것 같다는 너스레에
머리카락 심고 손주 보았다는 녀석도
십 대 술 담배 절연하고 삼십 년 더 살겠다고
사십 년 오십 년 졸업하고 첫 만남에도

한 사람 건너 건너 전해져 온 이야기들
높고 험했던 파도 같은 삶은
비워낸 소주병에 가득 채우고도

아들딸 걱정만 사서 하는 우리 모습이
엄마가 그리해 왔던 것이라서
눈물은 마르고 목만 메서

먼 길 떠난 지 십삼 년과 삼 년이
바로 엊그제 일 같은데
하지 못한 것만 생각이 난다.

초승달

가느다란 눈썹
웃고 있는 고운 얼굴이
설 밤 초승달에 그대로 찍혀 있었어

과거와 미래가
영속되지 않은 도시에서
바쁨에 길들어진 나와 같은 이들에게

가만히 있는 것
아무것도 하지 않는 것은
허용되거나 용납되어서는 안 되는 것처럼

무언가를
무엇이라도 해야만 되는
그래야 살아있으므로 박제된 삶인데

한번 올려다본 하늘
내 생각 다 알고 있다는 듯이
잘 해왔어! 좋았어! 라고 말하고 있길래

은하수 종이 위에

별빛 녹여 쓴 편지 보듯이

그 마음 그 생각으로 그냥 한참을 보았어

배롱나무꽃

간질간질
빤질빤질

뽀얀 맨살
가느다랗게

짧아진 그리메
사태 난 분홍 꽃이

여름 내내 고고하게
그리운 벗 생각으로

강렬한 사랑으로
모질게도 버텨낸다

보름달

어이!
누굴 찾아서
저기 저 하늘 끝에서
마음씨 고운
한 가을날 밤에
둥근 얼굴
예쁘게 꽃단장하고
누구네 창문을
환하게 비추는지

보는 사람 마음이
넉넉하고도
넘쳐난다

혹시
날 찾아서?

봄날을 위해

고단한 오늘의 삶은
과거로부터 이어진 미래이기에
힘들고 아프더라도
희망을 꿈꾸어야 한다

봄이 왔나 하고 문을 여니
찬바람만 한가득
하얀 겨울이
아직도 맹렬한 것처럼

한번 점찍어 차지한 자리는
쉬이 물러주지 않는 것이
인간사나 자연사나
어디나 같아서

지금껏 감당치 못할 자리에 앉아서도
또다시 기회 달라고 하는데
봄이 겨울이 아니듯이
우리의 선택은

오랜 기다림 끝내고
새로운 날, 희망, 꿈, 미래는
투쟁으로 쟁취하는 것
봄은 노래해야 한다

바람, 바램

아프지 말자
다치지도 말자

딴 나랏일처럼
상관없던 뉴스에도
자꾸만 자꾸만
마음 가고 애가 쓰이더니

언제 어느샌가
내 일로 맞닥뜨려져
할 수 있는 건 하나도 없어서
손 모아 바라고 바래기만
기적처럼 속히 낫기를
아무렇지 않도록

앉았다가 일어섰다가
감았다가 부라렸다가
안절부절 엉거주춤
그날 그때처럼

짙고 까만 밤이
온통 하얗기만 했다

백년어서원

책방에 가면 고기가 있다
물고기가 사는 곳에는
사람도 살 수 있다고
백 년을 헤엄쳐 갈 백 마리 나무 물고기가
각기 다른 이름을 하나씩 붙이고
좁은 벽면에 가득 무리 지어
대양을 찾아가는지

햇살이 포근히 스며드는 봄날에
큰딸이 기억해 낸 십 년 지난 추억을 쫓아서
가만히 밀고 들어간 북카페에서
진한 커피 한 종지 마주 두고
주절주절 딸아이의 스테레오 너스레가
주인장 시인의 시집에 박혀서
시간 가는 줄 모르고

책방에도 고기는 잘 살아서
책임져야 할 각자의 이름값으로
살아낼 이유를 찾아서
『패밀리 배틀』*의 티키타카에

에스프레소까지 달콤하기만 한 것은
백 년 물고기 꿈처럼
행복한 나들이 덕분인지

---

* 『패밀리 배틀』은 백년어서원에서 글쓰기 공부를 한 엄마 정인순 씨가 남편과 초등학생 아들이 함께 쓴 책으로 제8회 협성문화재단 NEW BOOK 프로젝트에 선정된 작품이다.

역설 I

시골 새벽이 와서
서둘러 불을 켜고 보니
창밖 아침은 어디로 갔는지
칠흑 어둠만 가로막고 서 있다.

강한 헤드라이트 불빛에는
눈만 찡그려지고
뵈는 것이 없는 것 같이

상대가 밝게 빛날 때는
내가 더 밝아야 하고
어두운 바깥보다 더 어두워야
잘 보이는 것을

강한 것에는 더 강하고
약자에게는 더 약하게
억지 같은데도

그래도 지구는 돈다고 하니
그래야 잘 보이는 것을
어쩌랴, 순리인걸!

역설 II

개미처럼 살아야 한데서
밤낮주야로 열심을 다하느라
무엇을 위해서
왜 사는지도 몰랐는데

내 생각으로 산 것인지
생각에 당한 삶인지

송충이는 솔잎을 먹고
지렁이가 땅속을 기어가듯이
분수대로 사는 게 옳은 줄 알았는데

눈부신 베짱이 삶이 좋아서
놀면서도 떵떵거리는 유튜버가
살고 싶은 꿈이라는
폰처럼 스마트한 이에게

정년 없는 기술자가 최고라는 말이
입안에서만 맴맴 한다

진즉 알았다면

흐드러지게 핀 봄꽃
일장춘몽이라고 말했지
좋아하는 것도
미워진 것도
만남도
헤어짐도
모두가 한순간인 것을

전원주택 텃밭 가꾸기
도시민의 로망이라고 했지
과일나무 심고
꽃도 심고
골 파서
씨 뿌리는 것
모두가 좋아하는 것을

진즉에 젖어버렸다면
더는 젖을 일은 없을 것인데
젖지 않으려다 나이만 먹고 보니

돌아 돌아서 집에 온 사람아
행복은 늘 가까이 있다고 말하지
떠나온 곳으로
시작한 그곳
기다리는 곳으로
후회 이전으로
모두가 돌아가야 한다는 것을

일찍 핀 봄꽃

아기야!
아직은 때가 아닌데

빨리 보고 싶고
궁금증에 설렜지만
조금 더 참아야 했었는데

친구에게 찍혀온 눈꽃처럼
우리 집 뒷마당에 피어 있네요

반가움이 그리 편하지 못한 것은
달 채우지 못했던 아이처럼
황달기가 눈에 띠어서

변덕스러운 날 매서운 날씨라서
염증 상처 곪을까 하여

진한 기다림도 고이 접어두고
하늘에다 빌어본다
무탈하기를

아기야!
건강하게만 자라다오

고사리

불탄 자리에도
봄은 오고
잘려 나간 아름드리
넓혀진 기슭에
대순처럼
할미꽃처럼
고고하게 홀로

지난 비에
잊힌 신생대가
여기저기에
불쑥불쑥
지천인 것을

고개 들어
허리 꺾기 전에
두 팔을 벌려야
내일이 있을 것인데

수양산 백이숙제

반복되는 것이 역사라서

봄볕 따라

찾아 나선다

화가처럼 - 폼페이 벽화 소식을 반기며

그림을 그리는
화가는
보이는 것
생각하는 것
자기가 꿈꾸는 것을
숙명처럼 그린다

똑같이 찍어낸 사진이 아니라
젖은 빨래 비틀어 짜낸
자기 이야기를
자기만의 색으로
캠퍼스에
덧칠로 채워갔다

대상으로
대상이 아닌 것으로
살면서 주고받은 자기 삶의 서사는
남겨진 그림에는 없었다

화폭이 숙명인 화가처럼

시인도 천명으로
남긴 이야기에
자기는 없다

이팝꽃 흩날리는 밤에

아침, 반가운 전화다
새로 연을 맺은 문학회 갑장 회장

약령시가 있는 대구 종로길까지
이십 대나 해봄 직한 짓을
낼모레 육십인데

함께한 남자 넷, 여자 둘
고기 맛 품평회로
비워져 가는 술병만큼이나
취기가 차오르면

맞춰지지 않는 그림 조각에도
소금 한 가마니의 친구가 되어서
둘이 하나보다 낫다는
아리스토텔레스의 우정처럼

채워지는 술잔에
비워내는 이야기로
의기투합, 기약하는 다음

논어의 즐거움도 마쳐질 때가 되고

봄비에 젖어버린 이팝나무 꽃잎이
조그마한 우산 위에
착 달라붙어서는

밤, 받아온 시집 서너 권
새로 맺은 문학, 다음이 기다려진다

라일락 뜨락 1956

빼앗긴 들에도 꽃향기 피워냈던 시인의 나무
온 정신을 비틀어 항거한 시인처럼
비틀린 몸뚱어리는
제대로 서 있지 못하도록 꺾여
땅바닥을 기어서라도
이백 년, 조국의 봄을 노래했는데

좁은 골목길 끝자락
탐방처럼 찾아간 그곳에서
시를 노래하고
시대를 논하고
시간을 죽이면서
향 좋은 수제 맥주 한 잔과 안주
빈 가슴 가득 채우는데

시인 닮은 그림 솜씨 좋은 주인장이
뒤쫓아가는 후배들이
한 땀 한 땀 손때로 채워가는
시인의 생가에는
첫사랑을 위해

소중한 친구, 우정으로
오래도록 꽃피기를 바랐습니다

오월에 오십시오

오월에 오십시오
담벼락 장미 찬란한 계절에
빛 좋은 고을, 광주로 오십시오

또다시 반백 년 한 세대가 지나가면
묻혀버릴 진실에 부끄러움마저 모르는 뻔뻔한 낯짝으로
금남로 핏자국 아스팔트
망월동 피맺힌 울분
왜 내 가슴이 잘려 나갔는지
왜 내가 빨갱이요 폭도라 불리는지
왜 총알과 창검이 내 몸에 박혀
압매장되어야 했는지를
알 수도 알려주지도 않아서
잊을 수도, 잊힐 수도 없는
빽빽한 이름들 사이로
흩날리는 이팝나무 꽃잎 모아다가
소금 간에 김 가루 뿌려서
주먹밥 내드리리다

내일을 저당 잡고 오늘을 살고 있는 사람들아!

내가 잘해서 이만큼 산다고 하는 사람들아!
한 번만이라도 좋으니 와보시오

함께 연대의 깃발 높이 들고
우정의 공동체 손에 손 맞잡고
사람이 사람답게 살아가야 할 희망으로

찬란할 오월로 오십시오

그날에

발 없는 말은 꽃바람보다도 더 빨라서
산을 넘고 강물을 거슬러 올라가면서
마을마다 대문을 굳게 걸어 잠근다.
하지만, 말 없는 흉흉한 소식이 점점 가까워지면
좋지 않은 예감은 한 치도 어김없이
누런 이빨 사이로 검은 본색을 감추지 않았다.
노심초사, 그 얼마나 아니기를 바라고 바랐을까?
그저 사람답게 살고 싶었을 뿐인데도
일상이 일상이 되지 못했던 그날, 그 오월
창검에 잘려 나간 누이의 젖무덤보다도
도려내어 내버리고 싶었지만 그러지 못했던 한마디 말
영문도 모르고 낙인찍듯 붉게 그어진 이상한 부호들
반항도 못 하고 냉가슴만 부여잡을 뿐
빨갱이, 폭도, 불순분자가 나도 모르게 되어서는
아닌데, 아닌데, 입안 한가득 물고도
영글지도 익지도 못한 또 다른 한마디 말은
내뱉을 수도, 삼킬 수도 없어서 바람 빠지듯 헛소리로 새어 나오고
죽고 싶어도 죽을 수조차 없었던 열흘 그날들
외면하고 잊고 싶었던 그날 그 시간
언제나 그랬듯이 나쁜 것은 쉬이 내 몫이 되어서

검게 몰려오는 새벽 앞두고
쭈뼛쭈뼛 머리칼 세워지던 그때
미안하고 미안한 마음으로
매번 찾아오는 오월이면
가슴 한쪽 시린 것으로 깜짝 놀라고는
잊지 않겠습니다.
함께하겠습니다.
빈말 같아서 낯 간질거리는데
닭이 운다. 앞집 뒷집 동네 모든 닭이
그날의 진한 어둠, 여물 수 없는 슬픔도 멈칫하는
또다시 오월, 새날이 오는 새벽에
그날 그때처럼 낯 깎이지 않으려고 한다.

황매화

약초 이파리 닮은 초록 화단에
노란 나비 한 마리가
앉아 있습니다
기습공격처럼
가만히
가만히
뒷발꿈치 세워
살그머니
곤충 채집하듯이
그대로
그대로
한 손을 쭉 내밀어
붙잡았습니다

도망치지 못한 나비가
샛노란 꽃잎이
엄지 검지에
노랗게
잡혀있었습니다

질문

- 자세히 보아야 예쁘다
오래 보아야 사랑스럽다
너도 그렇다

- 예뻐야 자세히 본다
사랑스러워야 오래 본다
나도 그렇다

나태주 시인의 '풀꽃'과
고증식 시인의 '왜, 뭐하러'를
자세하게 본다
오래오래 보고 있다

지금까지
내 생각이 진짜루 내 것인지
남의 생각인지

딴죽처럼
궁금해졌다

먼발치 사람

이제 조금 알아가고
눈길에 눈인사도 주고받으며
한 발짝 한 걸음 다가가 자리 잡아 주고
조금 아주 쪼매이지만
내 마음과 같지 않은 것으로
내 속도와 달라서
걷는 길이 어긋난 듯이 한동안 잊은 채로
돌아 돌아서 지나고 나면
매번, 뒤늦은 후회
또 한 번
지나쳐버린 인연이 되어서

아쉬움에

미안함에

그리움까지

주저리주저리

길게 늘어놓던 무용담 사람

늘 한결이라서

그때부터 지금까지

언제나, 늘

내가 기다린 것인지

그가 나를 보고 있었던 것인지
마을 어귀에서 홀로 외로움에 버티고 서 있던
고향나무같이 그리웠나 보다

왜

불쑥

끼어들어 와서는
뚱딴지같은 물음이다.

앞으로 어떻게 살래?
사람은 무엇으로 사는가도 아니고

날씨 탓일까?
나이 때문일까?

니체의 자기(自己) 이유(理由)가
자유(自由)로 치장되면서

왜 사니?
희화화시켰다.

숱한 밤을
끙끙거리면서도

너는

가을비 II

가을비가 왔다.
반가움에 자세히 바라본다.

한 방울 연이어서 또 한 방울씩
산산이 떨어져서는 깨어진 물 파편들이
내 발 앞에서 다시 엉겨 붙어서
어깨동무하듯 지나쳐 간다.

바위나 강철은
너무 강하고 단단해선지
깨지면 다시는 붙지 못하는 것이
상처 난 내 마음과 닮은 것 같은데

어디든 쉬이 스며들고
누구나 부드럽게 감싸안을 수 있는
가을비는 조각조각 바스러져도
곧 다시 사이좋게 붙어간다.

지남철처럼
어린아이들처럼

03

반가워,
깨달음으로
일구는 삶

도마

그냥 믿어주면 좋을 것을
끝내 확인해야 할까?

꽃밭에 둔 자전거

엘리베이터 알림판에
방치된 자전거는 처리하겠다고
사용하는 것은 표시해 두라고 했다.

우리 집 현관 앞에도
달릴 날 기다리는 자전거가
세 놈이나 체인 자물쇠에 묶여 있다.

삼십 년 전 입사 동기 모임으로
찾아간 광안리 해변의 가을 국화밭에도
너덜너덜 방치하듯 자전거 하나가 놓여 있다.

누군가는, 그 언제 적에는
분신처럼 애지중지 손때 묻었을 자전거가
낡아지는 것보다 잊히는 게 싫어서

국화밭에 천연덕스럽게 세워 둔 자전거
작가 마음 알 것 같아서, 내 마음도 짠해서
거울 앞에 선 배불뚝이 다짐처럼

잊지 않겠다고

언제까지나 내게는 애마라고

미안했다고 토닥토닥, 오래오래 타야지 했다.

첫눈 오는 날에

선생님이 제일 어려운 문제를 주시는 이유가
가장 잘 알 거라 생각하기 때문이라며
내 인생에 어려운 문제가 많은 것이
이 때문이라는 노래를 들으며

밤새도록 내가 선잠에 뒤척거린 이유가
어두운 밤 내내 기다린 너 때문이라니
마당 한가득 다소곳이 내려와서
평상 위에 신혼 방 이부자리처럼 하얗게

반가웠어, 그리고 미안했어
언제 올까 기다렸는데, 왔는지 진짜 몰랐어.
많이 원망했겠다. 추웠겠다. 어서 들어와
등 토닥이며 꼬옥 안아 주고 싶어

처음이 힘들지, 이제는 괜찮을 거야
자주 오면 좋겠어. 너무 한꺼번에 많이는 말고
내가 잘 풀 수 있을 정도로, 종종 답도 알려주면서
그래, 가장 사랑하기 때문이란 것을

알 듯 모를 듯 자꾸 헷갈리지만
네가 오는 날에는 하루 종일 기다릴 수 있어
강아지처럼 맨발로도 뛰어나갈 거야
제일 사랑하기 때문이야, 알지?

선잠

이리저리 뒤척이다가
간신히 잠이 들었는데
막상 깨고 나니
늦은 아침에
밤새도록
누굴 만나서
어디 먼 길을 갔다 왔는지
배드민턴 내기를 심하게 했는지
목구멍은 쇠하고
눈알 서걱대고
단단하게 뭉친 종아리에
녹초가 된
지난 몸뚱어리는
축 늘어져
널브러져 갈팡질팡하고
기억은 날듯 말듯
무거워진 머리에
개운치 못한 잠자리로
시간과 공간은 짜부라진 채로
마주한 연휴 첫날

계획은 색다른 옷을 입고
하루와 먼저 통정을 한 것인지
저만큼 높은 그곳에 앉아서
다 알고 있다는 듯
거리를 두네요.

잠 놓치고

고단함 괴롬 쓰라림
씨름 달래려고
즐기던 한잔 술이
언젠가부터 그 녀석에게 잡혀서는
잠들고 싶다고 울부짖던
구 년 전 그날 그이의 모습이
어젯밤같이 선하건만
명절 앞두고
이른 잠 놓쳐버리고
하루 지나 이른 새벽까지
고질병 불치병 된 듯이 뒤척뒤척
아픔이 많아진 것이
언제부턴가
나에게 있는 것보다
내게 없는 많은 것에
아흔아홉 버려두고 하나 찾아 나서고
잃어버린 내 것이라고
내 길, 내 생각
세뇌당한 것처럼
들판 헤매는 주인이 되어

맞다고
억지 되어버린 고집
정의라고
새벽이 찾아올 때까지
씨름했던 이야기
엄청 닮아가고 있다는 것이
거울 속 같아서
이제는
뒤죽박죽
그만
놓친 잠 찾고 싶다고
자고 싶다고

달집 짓기

큰 손님이 오시려나
날씨마저 설레는데

휴일 맞은 마을 청년들이
삼삼오오 빈들 가득 요란법석인 것이
뱃사공 많아 멀미할 듯한데

대나무로 세운 기둥 상모 긴 끈처럼 내리고
볏짚단과 묵은 고춧대 가득 채워서는
대문까지 달아낸 피라미드 새집에
솔가지가 화룡점정이지

갖가지 소원지에 부적처럼 빼곡히 적어서는
둥근달 크게 떠오를 보름날 때맞춰서
하늘에다가 편지로 보낼 테지

큰 축복 되찾아 올 설렘으로
의기투합 마음 넉넉하고

달님의 마음

아무리 하찮은 것이라도
주고 나서 도로 빼앗는 몰염치는
성질 돋우는 일이거늘

정월대보름에 달맞이하려고
정성껏 솔향에 대나무 엮어 큰 집을 세우더니만
밤새 불 질러 태워버린다고 하니

내가 보름달이라면
줬던 복도 도로 거두어서
골탕만 세게 먹이련만

힘든 농사철 고생길 앞두고
오곡밥 부럼 귀밝이술로 기력 보충하며
여름 무더위도 미리 팔겠다고

겨우내 닫힌 마음 활짝 열어젖혀서
윗마을 아랫동네 다 모여서
한바탕 잔치판 벌이는 게

어린 손주 손꼽아 기다리던 재롱잔치 같아서
일편단심 할매할배 마음으로
올해도 대풍을 기약하리라

그레샴의 세상

눈은 크게 떠야지
잘 보이는 줄 알았지만
간혹 어떤 날은
가슴츠레 실눈으로만
보이는 세상도 있었습니다
또, 어떤 때에는
두 눈을 지그시 감아야만
또렷하게 읽을 수가 있었습니다
두 눈으로 보고 두 손으로 만져야만
직성이 풀리고
믿을 수 있다고 생각했지만
언제인가부터는
보고도 모르는 체하고
몰라도 알고 있다는 듯이
실눈으로 세상을 보는 것이 편했습니다
가짜가 진짜처럼 판을 치고
악화가 양화를 쫓아내던 어제 같은 날은
눈을 감으면 더 드러나 보여서
개살구 시장처럼 껍데기에
농락당한 눈꺼풀은
실눈마저 감아야만 했습니다

잘못된 이유

자야지 자야지 하면서도
뒤척 뒤척거리며
쉬이 잠 못 이루는 것은
당신에 대한 걱정이 많아서가 아니라
낮잠을 잤기 때문이지

가야지 가야지 하면서도
들락 들락거리며
쉬이 떠나지 못하는 것은
당신과 추억이 진해서가 아니라
못다 한 일 때문이지

해야지 해야지 하면서
멈칫 멈칫거리며
쉬이 할 수 없었던 것은
당신 생각에 사로잡혀서가 아니라
눈치가 없어서지

와야지 와야지 하면서도
머뭇 머뭇거리며

쉬이 찾지 못했던 것도
지난 사랑이 아파서가 아니라
내 고집 때문이기에

한마디 말도 없이 떠나간 당신이
아른 아른거리는
함께 걸었던 여기저기에서
잘못된 이유인 것을
이제야 알게 되었습니다.

초보

SPM에 6시그마 하다가
농사꾼이 되고 보니
하는 것마다 급하고 서투른 게
천생 훈련소 신병 같아서

소일거리 삼아 시간 많다고
온종일 거름 내고 삐뚤 이랑 일군 밭인데
트랙터 두어 번 왔다가 가면
모양새 반듯한 것이

단감나무는 삼 년
고추도 서너 달이라서
거꾸로 매달려 간다는 그때처럼
더디 가는 줄 알았는데

때맞춰 씨 뿌리고
물길 잡아 싹 틔우는 것이
하는 둥 마는 둥 고참 짓거리 같은데
내 일만 수북이 쌓이고 있다

봄날, 지렁이에게

삼십일 년 메였다가 자유로운 첫날
사월, 누군 잔인하다지만
볕이 좋은 멋진 날에
소일거리 찾아서

옥수수 해바라기 심을 텃밭에
냄새까지 묵힌 거름더미
깊게 판 삽질 한 번에
화들짝 놀란 너의 식구들

천둥번개 날벼락에 삶의 터전 무너지고
숨을 수도, 도망칠 수도 없어시
빠알간 나신의 몸뚱어리
어딘지도 모르고

나의 호시절 좋아라! 텃밭 거름내기가
연못 돌멩이질인 양 죽자 살자 뛰었었지!
이별의 아픔도 생존에 숨죽였던
경험, 묵은 상처 생각에

엎친 데 덮친 격, 머피의 슬픈 기억 때문일까?
틈 놓치지 않은 까치 놈 먹잇감 되다니
내 너의 찰나에 소리쳐 보았지만
지켜주지 못한 미안함으로

폭양 강할 여름날이면 익어갈 옥수수가
널 닮아서 길쭉하고 실하게 영글면
소쿠리 넉넉하게 둘러앉혀서
다 네 덕이라고 말하리라

사월 첫날, 적 없어진 첫날에
나 좋다고 너 보내다니
말뿐이라도 어쩌랴!
미안하구나

정말 그렇구나!

민들레꽃이 뽑혔습니다

내가 좋아하는 민들레가
우리 집 잔디마당에 한 송이 피었습니다
샛노랗게 활짝 웃으면서

머리가 만나서 이야기하기도 전에
무식한 내 손에 의해서
뽑혀 버렸습니다

한낱 잡초일 뿐
다름은 제거되어야만 하는 것으로

똑같은 교복을 입고
똑같은 책상에 앉아서
똑같은 책으로
똑같도록
똑같아야 했던 날들이 생각나고

똑같이
똑같아야지, 그래야지

다름은 틀림이라고
숱하게 얻어맞아야 했지요!
내 편이 아니면 모두가 적군일 뿐이라던
아직도 그런 세상과 똑같아서

내가 좋아하는 민들레꽃
샛노랗기에 좋아 보였던 다른 내 갈림길도
진즉 뽑아 버렸습니다

내 손으로

당신을 깨워 줄 사람 있습니까?

아침마다 막둥이 방문을 엽니다
밤늦도록 공부한다고
잠 부족한 고딩
지각할까 봐
테라리엄 가꾸듯이

알아서 깨고
알아서 밥 먹고
알아서 학교에 가고
알아서 살아왔다고
로봇처럼 스스로 잘 알아서

잘된 것은 제 몫이고
못한 것은 남 탓에
문득, 깨닫고 보니
알아서 한 것 하나 없고
전부가 남 덕인 것을

매일 아침 아들을 깨웁니다

내가 더 피곤하지만
즐겁고 기쁜 마음으로
울 아들을 위해
짜증까지 받아내면서

잡담

과부 설움은 홀아비가 안다지만
과연 얼마나 아는지
진짜 알고 있는지

"라떼는 말이야"라고
내가 아는 것이 최고인 양
목소리 높였는데

한 달은 몰라도 한 주일 정도는
예측한 것이 곧잘 맞고
손에 잡혔는데

이제는 모르겠습니다
삼사일 앞은커녕 오늘 당장 일도
깜깜이가 되어서

AI와 ChatGPT 속도보다
지구가 더 빨리 돌고 있는 것 같아서
현기증만 더 합니다.

아무 일 없었다는 듯

얄밉죠.
한바탕 폭풍우 몰고 오더니
아무 일도 없었다는 듯
파란 속살에 태양이 햇빛 비추면

뻔뻔하죠.
집합시켜서 얼차려 맵게 하더니
아무 일도 없었다는 듯
허연 이빨에 선임이 농담 던지면

태풍 지나고
복구에 비지땀 흘리며
행여 무너지고 다치지는 않았는지

이유도 없이
두들겨 맞아서 부은 상처에
혹시 또 집합될까 노심초사했는데

단체 기합 같은 태풍도
미운 선임 닮은 태양도

하늘도, 한통속으로 쌤통하는 것 같아서
오늘은, 반갑지도 않았습니다.

하루 III

똑같은 시간
용돈처럼 받아서
어제는 쓰고도 남더니
오늘은 모자라는 게

맑은 날도
구름 많은 날도
오늘같이
여름 폭양에도 비 오는 게

내 마음 작은 그릇 같아서
넘치기도 하고
엎어지는 게
종잡을 수가 없구나

업

치열하고도 억세게
곱고 아름답게 지어진 세상으로
흔들흔들 비틀비틀 걸어왔나 보다.
골반이 틀어질 만큼
환도뼈가 어그러질 정도로
하루 이틀도 아니고
강산이 세 번 변하고도
천일을 더 보탠 시간
앞만 쳐다보고
자라목은 거북이가 되고
등어리는 새우처럼 휘어져서도
모두가 다 그러했다고
죽자 살자고 불빛으로 달려드는 불나방처럼
세상살이 불꽃 속으로
그것이 목적이고 목표였던 게야.
이게 우리네 삶이었지!

너무 무리하셨나 봐요.
쉬엄쉬엄하시지 않고요.
자세는 바르게 하셔야 해요.

모든 게 처음이라서
처음 살아본 세상이라서
누가 알기나 했나요?
어느 누가 정답을 가르쳐 주었던가요?
그냥 살았던 거지요!
생각보다 몸으로
살아내야만 했었지요.

삐거덕 고관절의 슬픈 비명에도
반듯이 엎어져 약침 몇 대 맞고서는
작년 봄날 심어진 나무
진딧물 잡으려고
약통을 짊어지고 있었다.

비가 오나 눈이 오나!
어김없이
아침이면 출근해야 했던 것인 양

로봇 청소기

십여 년 전 큰맘 먹고 장만했던
최신식 엘지 로봇 청소기가
자주 멈춰 선다
자꾸만 길을 잃어버린다
예쁜 목소리는 예나 별반 다르지 않건만

작년에 사들인 중국산 로봇 청소기
스마트폰에 기록도 남기고
아픈 곳도 알아서 챙기고
부족하면 분홍 윙크로
시간 맞춰 청소하는 우렁각시 같다

누가 메이드 인 차이나가 비지떡이라고 했던가?
누가 가전은 엘지가 최고라 했던가?

세월 이기는 장사 없다지만
시도 때도 없이 울어대는
몸의 노래
슬픈 비명 빨강 신호등 불빛처럼 깜빡이는 게
마음은 아직 스물 청춘이건만

십여 년 전 생소했던 물걸레 로봇 청소기
버릴까 말까 하루에도 서너 번 하는 게
내 모습 내 몰골 같아서

배터리도 새로 바꾸고
먼지 통도 깨끗이 닦아 보았습니다

방책

대나무 꼬챙이
찌려다
뒷산 가시나무에게
빨간 핏빛으로
값 치르고
고추밭
묘목 옆에
철조망 방책처럼
촘촘하게
단단히 꽂는다.

바람에 상할까?
햇볕에 널브러질까?
걱정을 사서
어린아이 마음으로
텃밭으로
오이밭
작은 묘목에
울타리 방책처럼
기다랗게

튼튼히 세운다.

침입을 막기 위해
높고 뾰족하게 세우고
가진 걸 지키려고
울타리 치며 살아온 세월
언젠가부터
그 속에
갇혀버린 수인이 되어서

여리고 약한 이에게
바람막이 되고자
길동무로
삶의 방책 따지며
꼬챙이마다
비빌 언덕 되고자
나선다.

이제부터라도

칼잠을 잔 상추

무언가 불편하면 칼잠을 잔다.
솎아주지 못한 상추밭에는
갈치잠을 잔 것 같이
길고 뾰족하게 솟아난 것이
젊은 날 선임 옆에 서 있는 것 같다.

어딘가 아프면 칼잠을 잔다.
빼곡하게 웃자란 상추는
새우잠을 잔 것 같이
밑둥치는 허옇고 여린 것이
병치레 많았던 막내 보는 것 같다.

자리가 부족하면 칼잠을 잔다.
뿌리까지 가려진 상추는
토끼잠을 잔 것 같이
떡잎도 떼지 못한 것이
아래채 단칸방 어린 시절이 생각났다.

한뎃잠 같은 상추밭에서라도
후배 시민들은

꽃잠을 잤으면 좋겠다.
불편하지도 아프지도 않아서
부족한 것도 없을 테니까.

마늘 농사

올해 마늘 농사
거름 넉넉한 이랑 때문일까?
제때 농약을 친 탓일까?
매일 정 준 이유일까?
씨알이 굵고 탱탱하다.

벌 마늘 피해로
연일 울상인 지면과 달리
우리 집 마늘은
첫해에
수확이 오지다.

헐
마늘쫑 달린
멀대 같은 마늘 하나가
쓸데없이 키만 커
알갱이는 영글지 못한 채
소홀했던 내 탓에
부족한 까닭에
자꾸만 두 눈을 빼앗는다.

그래도 올해 마늘 농사는
네 접을 사고도
씨앗으로
두 접 더 제쳐 두면서
내년에는
쫑 뽑기에 신경 쓰기로 했다.

눈 깜짝할 하루

된더위로 지쳐가는 여름날
타는 목마름
이내 젖은 셔츠
익어버린 얼굴까지 태워버릴 태양

텅 빈 무논
왔다 갔다 이양기 소리
차곡차곡 줄 맞춰 심기는 어린 모
끝이 없을 것 같은 유월 모내기하는 날

서산 하늘
진붉게 번지는 수묵화
불꽃축제처럼 화려한 저녁노을
성과금 받는 듯 묘한 노동의 뿌듯함

찬물 샤워 후
해거름 마지막 연극처럼
평상에서 건배하는 막걸리 한 사발
길고 긴 오늘이 눈 깜짝할 새 지나갔다.

이렇게 깜짝할 날이 가버리면
그날은 한낮의 내 그림자처럼 뭉텅뭉텅 짧아져서
당신 만날 날은 가까워지고 있겠지.
그럴 거야, 그치!

핑계

월요일, 10시 30분 되어가는데
아들에게서 전화가 왔다.
"아파서 병원에 가야겠다"라고
덜컹, 앞서는 걱정 숨기면서, "그래, 조퇴하니?"
"집인데 병원 갔다가 학교에 가려고" 한다.

빨간 대문집 녀석은 푸른색 옷을 입고
파란 기와집 꼬마는 붉은색 옷을 입고
골목길을 가로막고서 서로가 틀렸다고 우기는데
아이 싸움이 어른 싸움 되어 더 볼썽사나운 것이
사돈에 팔촌, 쌍팔년도 역사까지 훑고도 또 꿰는데도
끝날 기미가 없다.

지난 휴일 밤새도록 게임을 한 것이 뻔한데도
앞뒤가 뒤죽박죽된 채로 무슨 말을 하고 있는지도 모르듯
작년에 다짐하듯 내뱉은 말인지도 까맣게 잊은 듯
내 편이 아니면 모두가 적군으로 몰아서, 초록은 동색인데도
조금이라도 다르면 무조건 틀렸다고 생떼 하는 것이
일상사가 되었고

알면서도 모르는 척 눈감아 주어야 하나
귀한 막둥이 기 꺾지 않아야 하듯
우리 지역구 의원 나리 편에 서서 손뼉을 쳐 주어야 하나
모내기 끝난 무논에 개구리가
울고 있는지 노래하는지 꼭 알아내야 할까?

내가 그런 것은 아닌지
뒤통수가 켕겼다.

전직으로 살기

할 말도 많고
하고 싶은 말도
있지만
다음으로 미룰게요
길이 다른 걸

현직으로 산다는 것은
책임지는 자리
제 몫을 챙겨야 하는 걸
나중에
전직이 되면
자연스레 알게 되리

내려놓고
한 발짝 물러서면
보이고
보이는 것들

어쩌랴
그 자리에서

보는 것은 그것뿐인 걸

나도
그때는
보지 않았던 것을
고개 돌렸던 것을

외면했던 이것이라서

지난 바람이

설악산에 눈 내린 오월 어느 날에
비바람 세찬 밤 지나고
에둘러 찾아간 새벽 고추밭
부러진 고추 가지 하나

건강하게만 자라다오
첫째도 둘째도
십 년 지나 늦둥이 볼 때도
빌고 빌던 딱 한 가지 바람이었는데

어느 날은 백 점 받기를 원하고
또 어떤 날은 좋은 대학 가기만을 기도하듯
늘어만 갔던 내 바람이라서
불어나는 내 뱃살 같아서

허리가 꺾여버린 오늘 같은 날이면
바람 탓도 날씨 탓에도
욕심 많았던 내 바람 때문인 것 같아서
소리 내 울지도 못합니다

가지 부러진 지난밤, 지난 바람 뒤에
부질없는 내 마음 내려놓고서
빌고 비는 내 기도 하나
건강하게 살아다오

잠

참, 고약타

그제는
약에 취한 듯
흐느적흐느적하더니

어제오늘은
말똥말똥

제 마음대로
들락날락
길냥이 짓 같아서

빤히
알면서도
매번 허탕질이다

참 나, 고역이다

그때도 오늘같이

페북에 올라온 오늘
마당 한편에 곱게 널어놓은
김장 고추 사진과 내 마음 몇 글자가
장맛비 타고 내게로 왔다.

그때와 계절이 다르게 가는 것인지
올해 내 고추밭은
아직도 푸르름이 한창인데

빠름만 가속을 더 하는 세월의 속도에
동화되어 버린 것인지
육 년 전 오늘보다
현실은 천천히 오가는 것을

알다가도 모를 그때 당신 마음처럼
익숙했던 것들도
서먹한 것으로 쌓여가고

사실이 추억이 될 다른 그때가 오면
빠른 것인지 늦은 것인지

알고 있는지 모르는지
가물가물해질까 봐

육 년 전 내 페북 옆에
나란히 붙였다, 오늘을
육 년 후에도 기억할 것으로

청개구리의 눈물

여름 폭우 그치자마자
볏논 청개구리가
밤새 운다.

이번 장마는 야행성 기습폭우라서
무너지고 넘쳐나서
여럿 죽고 다쳐서 눈물이 나는데
특보하는 방송 횟수보다
읽지 않은 재난 문자만큼이나
무덤덤 맹물 울음이다.

빗물에 넘어져서 허리 다친 아우가
내일 수술 날짜 잡았다고
어쩌지 어찌하지!
눈물이 되면
아마도, 여름 폭우 내리쳐 때릴 때
파란 볏논 흙탕물로 잠길 그때
굵은 빗줄기 세찬 물줄기에 눈물 씻어서
더 서럽고
더 무서워서

더 많이
더 크게
울었을 것인데

걱정할까 봐
소식조차 전하길 망설였던 아우야
아파도
힘들어도
모든 고통은 삼켜버려야 했었겠지.
기습폭우에도
갠 날씨에도
여름 내내 늘 울어야 하는
볏논 청개구리

아무 일 없을 거라고
잘될 거라고
소리마저 폭우에 떠내려간 것인지
고작 몇 초 통화에도
챙겨주지 못했던 형이라서
운다. 장맛비에 젖은
청개구리라서

여름 폭양에도

볏논 청개구리는 울 것이다.
개구리 울음소리 먹고 자라는 파란 볏논처럼
나도 그럴 것이다.
청아한 눈물 찬 쌀로 밥을 짓고

동문서답

당근이죠
아뇨 마늘인데요

아파트 경비실 좁은 난간 위로
텃밭상자와 낑낑대고 있는 나에게

눈곱재기창 같이 작은 창문을 연 아저씨
내리깐 눈은 성가시다는 듯이
위아래 훑고 지나서
잡상인 찾아 말하는데

밀귀 놓쳐버려 이방인이 된 나는
딴 나라 사람이 되어야 했고
못 들은 척
시치미 떼어다 놓고서
205동 1502호만 거듭거듭 말하는 것이

꼿꼿한 허리는 반쯤 접어서 내밀며
기자회견장에 선 높으신 나리님 마이크 두드리듯
웃음기 지운 불쌍한 표정으로

기자 같은 동년배 아제에게
같은 말만 되풀이했다

혼밥

아침밥은
점심은
저녁은 자셨나?

만날 때마다
인사라고
묻고 또 물었었지

궁핍한 시절인데도
마음은 풍족해서일까?
오지랖 넓은 이웃사촌이었던 까닭인 게지

이제 먹고살 만한데, 묻지 않는다
대꾸도 하나 없다!
이웃인지 도적인지 관심이 없는지

환청처럼 차려진 점심상에
그리움 한 벌 쥐고
입을 연다

밥은

몽땅 지렁이에게

지렁이 같은 너 야곱아
너는 알고 있니
본래 네 몸은 하나였다는 것을
다윗과 솔로몬의 찬란한 그때가 기억은 나니

두 동강 난 지렁이야
너는 알고 있기나 하니
도둑이 들려면 개도 안 짖는다더니
남북 팔십에 동서로 또 동강이 나고 있다는 것을

언제 어디서부터 그런 것인지
누가 무엇 때문에 그랬던 것인지
동강 낸 것인지
동강이 나고 있는 것인지
아물지도 정리되지도 못한 과거가 아프고 쓰리기는 한 것인지

지렁이 같은 짜리몽땅아
너, 생각은 있니
고구려와 발해의 찬란한 만주벌판으로
말발굽 높였던 그때 그날을

동강 나고 찢긴 몽땅 지렁이야
너는 알고 있니
동강이 난 네 몸으로는 갈 수 없는 곳
상처 보듬고 다 함께해야 할 수 있다는 것을

열대야

금빛 열기로 뜨거워진 여름은 연일 더
달아오르는 것이
더 빨리 더 높이 더 멀리
올림픽 백 년보다
더 길게
세워져 가는 기록에
밤잠 설쳐가며 보았던 날처럼
애먼 에어컨만 껐다 켰다가
눅눅해진 침대에
축 처진 나신으로
하루 더 경신된 신기록에도
축하할 여유도 박수도 잃어버리고
새벽 두 시 반 26도
체감온도 32도
서울은 이십육 일째
부산도 이십이 일 차인데
낡은 선풍기 끼익 끼익 앓는 소리
졸린 눈에도 쉬이 잠들지 못했던 날들에
멍청히도 예민해진 나는
숨어 잠자던 짙은 어둠마저 깨워버렸다.

텃밭 공화국

이름 없는 들풀이 어디 있겠느냐마는
자기 자리가 아니면 모두가
잡초인 것을

삼사일 자리 비운 텃밭은
버려진 황무지처럼

상추밭인지 잡초밭인지 모르게
내 먹거리가
억센 잡초가 되었습니다.

호미에 뿌리 뽑히고
제초제에 사그라질 명줄에

몇몇은 이름값 있는 야생화라서
따로 옮겨 두고 싶었지만
그러지를 못합니다.

들풀은 들과 산에
상추만 텃밭에

내가 가꾸는 공화국에는
연하디연한 상추가 주인이라는 것을
이름값 하는 잡초들이 알았으면 좋겠습니다.

여름 폭우

아껴둔다고 꺼내지 못한 내 말은
그리움에 젖어서
시가 되었고

쉬이 보내지 못했던 내 사연은
눈물에 삭혀져서
노래가 되고

불러도 듣는 이 없는 내 가락은
애달픔에 서러운 마음
하늘에 닿아서

말라버린 내 눈물샘에서
메마른 내 가슴에
뚝뚝
한 방울 한 방울
점점 굵고 세차게, 쉼 없이 온종일

잊고 있었던 그날 그 현장에
떠나지 못한 슬픔, 아픔, 흉터들

남겨진 후회까지

하늘과 땅이 서로 엉겨 붙어서
내려오고 있는 것인지
올라가는 것인지

돌아갈 곳 없이 사무친 하늘도 땅도 나도
매년 여름 한날에 기제사로, 추모제로
통곡, 또 절규하는 거야

엄살

깼다, 한밤에
가끔 아니라 자주 그런다.
누군가에게 호출받듯

화장실 뒤로
아니면, 옥상으로

아픈 척
고통스러운 척
해야 할 때가 있었지.

그래야만
덜 맞을 것 같아서

앞사람보다
더 과하게
연기라도 해야 했었지.

예전 기억 때문인지
지금도 그런 건지

찬 겨울 앞두고
생각나고 자주 깬다는 게
께름칙한 거지.

04

매번 흔들리며
함께
걷는 **여행**

여행자

돌아갈 집이 있는 여행자
발길은 자유롭고
짐은 가볍다

사자평에서

강렬한 햇빛이
끝없이 이어진 수평선까지
파도 하나 없는 크리스털 빛깔 바다가

눈부신 햇살이
은빛 물결 가득한 억새밭에
구름 한 점 없는 에메랄드 빛깔 하늘이

삼십 년 전 자주
찾아갔던 해운대 바닷가에서
고학생 가슴에 넓은 세계로 다가온 것처럼

오랜만에 찾아간
비석만 남겨진 고사리 분교에서
어렴풋이 인생길은 거의 닮아가고 있었다.

같은 듯 다르게

산은 산이요 물은 물이라지만

바위도 돌도 흙 알갱이까지

얼음과 눈, 그리고 물도

바람결 물결 구름결에

높은 뒷산도 낮은 동산도 앞 구릉도

해와 달과 별이

같은 듯 다르게 보이는 것은

함께 어우러져 살아가는 세상에서

살갑게 잡아주라고

사는 것이 좋을 것이라서

흔들리며 가는 길

흔들린다는 것은
아직 살아있음이라서
마음은 정하지 못하였어도
차차 때가 이를 것이고

흔들리고 있다는 것은
지금 맞춰가고 있음이라서
생각은 정리되지 못하고 있지만
곧 밝히면 될 것이고

흔들려진다는 것은
오늘도 견뎌내고 있음이라서
몸도 바로 서 있기조차 힘든 날이지만
가고 있는 길이 정방향이라서

몹시 거칠게도 흔들어 댄다는 것은
내가 더 필요하기 때문이라서
살아온 삶의 자리가
가야 할 내 길이기에

모든 흔들리는 것들과 함께
살아있음에 감사하며
끝까지 가야 하겠지!
흔들리더라도

비행기는 멈출 때 더 굉음을 낸다

비행기는 이륙할 때보다
착륙 때가 더 시끄럽다

젖 먹던 힘 짜내어
한순간에 날아오르고

나비처럼 사뿐하게
한 번에 내려앉고

올라갈 때보다
내려올 때 조심해야지

제대로 보지도 듣지도 않았던
비행기의 울음소리가

도착 때가 더 굉음인 것은
천둥번개 때문인지 어두워서 그런지

한 시간 남짓 지연으로
미안함과 헤어짐의 흐느낌일는지도

피곤에 졸다 깬 여행객은
아무도 관심이 없다

서울 가는 버스 안

불금 밤, 서울 행사장으로 가는 버스
내일을 기대하는 사람들 속에
데면데면
이런저런 사정과 이유로
낯가림 심한 나는
구석진 자리에 구겨 넣는다.

시간이란 놈은
어김없이 그런 것이라
태양이 옷 벗기듯 마음을 열어젖혀 다가와서는
한 잔 술에 하루가 논해지고
목젖을 지나간 허물은
흐물흐물 네것 내것 구분이 모호해지고

달리는 버스는
멈출 줄 모르는데
취기 불그스레 늙은 학동들의 재잘거림이
끝 모를 노랫소리에 묻혀
젊음이 좋고
함께하는 밤 잊은 시간이

테스 형의 소금 한 가마니인 것처럼

불씨는 꺼질 줄도 몰라서
자다가 깨다가
휙휙 스쳐 지나가는 오늘 이야기도
앞서 다가오고 있는 내일 걱정도
드문드문
아랑곳하지 않고 끊어질 듯 잇고 이어져 가는
꿈꾸는 저마다의 삶이
길 찾아 달리는 고속도로 위에서
버스 노래방 한 가락이 되고

기다려 주는 이도
새벽바람에 반겨줄 이도
하나도 없는 서울 어느 곳으로
마라톤 행사로
도미노처럼
버스에 실려 달리고 있었다.

꼬리에 꼬리를 물고
넘어지듯이

하산 길에

운문산 상고대 내려오는 길에
엉덩방아를 찧었다.

올라가는 것보다
내려올 때 더 위험하다고
돌다리도 두드리며 내려왔건만

딴생각 팔았던가?
만만하게 보았던가?

깊은 계곡 험악한 너덜도 끝나고
좁고 가파른 경사지도 지나서
휘파람 나오는 산길에서

작은 돌멩이 하나 밟은 것이
도토리나무 마른 이파리에 미끄러져서

민턴 콕이 땅에 떨어질 때까지
끝나도 끝난 것이 아니라는데
이십 년에도 하수인 이유인가 보다.

연어

사십 년 전 아들은
도시의 학교를 동경했지만
가정 형편으로 유학을 포기하였고

삼십 년 전 아들은
서울에 일자리를 얻었지만
병든 노모의 손을 뿌리치지 못하였고

그 아들이 아버지가 되어
돌아갈 시골집을 손꼽고 있지만
독립시킬 딸 아들 생각에 미루고 있는데

그 아들의 아들은
만족 못 하는 도시를 떠나서
바다 건너 세계로 이국 생활을 꿈꾸고 있다.

놀

주중에 낀 휴일 하루
조카 녀석 앞세워
찾아온 동생네
햇감자 씨알이 좋다고
상춧잎도 부드러워
삶은 감자에
돼지고기 한 조각
햇마늘 하나
쌈장 듬뿍
한입에 몰아서 넣고는
풋고추랑 오이까지
오물쪼물 맛나게
먹고는

보는 이도 배불러서
돌아가는 길에
상자 가득 담아서 보내고
돌아서서
서산 위 불꽃놀이같이 붉어진 노을
한참을 바라다

보고서

빈 마음으로
빈 하늘로 갈 길을
재촉하고

한림항에서

끝이 보이지 않는 제주 바다
부딪쳐 달려온 콕 친구들
흔들리는 파도들

들려오는 바람 소리가 보이면
함께 건너온 시름도
잊고 지낸 추억도

시간이 멈춘 먼 훗날에도
현무암 바다 항구로
기억을 찾아 여행하는 사람들처럼

푸른 바다에 젖은 제주 바람에 실어서
내가 당신에게
말하고 싶은 하나는

사랑이었다고
좋았다고

비양도 가는 배에서

윤슬 가득한 제주 바다
흔들리는 천년호에서
명호와 순자는
사진 찍기에 바쁘고
일정 챙기느라 재광이는
스마트폰으로 스마트하게 씨름하고
한 잔 술 고픈 창헌이와 나는
푸른 바다 푸른 하늘만 쳐다보다가 눕고
포즈 취하던 재수, 정숙, 은미, 미영, 진철 파워인들
웃음소리 커지니
뱃고동 소리도 덩달아 힘낸다.
어허~~~라
도착이라고
아니, 벌써
내리라고 방송한다.

윗세오름

참, 좋았다.
몸으로 만끽하는 가을
어리목에서 윗세오름까지
스쳐 간 사람들
형언 안 되는 절경들
사진 속으로 들어간 나는
넓고 높은 평원 위로
쉼 없이 질주하는 트레일 러너들의 호흡

본능과 현실 사이에서
주춤주춤 걸음은 느려지고
바람결에 전해주는 오름 이야기들
아픔도 슬픔도 그리움도
전설이 되어 가노라면

제주 할망과 오백 나한처럼
장군이 되고 민초가 되기도 하는 것이
윗세오름은 한라에 연결되어 이어져 있듯
삶은 계속되어야 하는데
백 년도 안 되는 인생에

만 백 년의 흔적이 스며드니
그 겨울 바다에서 들었던 숨비소리가
오늘 오름에서 기억났다.

오랜만에 가을 산이, 나도
가을이 가을 했다.

숨골

단단한 용암 바위에도
작은 틈이 있어
물길이 되고
바람길이 되듯

억센 우리네 여행길에도
열어둔 작은 길로
정은 오고 가고
생명을 주고받아서

이박 삼일 지쳐가는 시간에도
뙤약볕 그늘처럼
당신의 작은 배려가
다음을 기약하게 합니다.

일출 보러 가는 길

무심코 올려다본 밤하늘에는
도시의 가로등만큼이나
별이 많은 날

일출을 보고 싶어 한 제이
함께하길 원했던 은미
독수리 오 형제를 실은 차량은
유성우처럼
긴꼬리를 태우며
가로등을 스쳐 지나가고

유난히 덜컹거림이 많은 도시
파도가 센 바다처럼
과속방지턱은
일출을 시샘하는 걸까
일출 보러 가는 우릴 샘내는 걸까

성산에서 만날 당신을
삼십 년 지나 다시 찾아가는 내 마음이
덜컹덜컹, 설레고 있는 거야

내가 지금 달려가는 만큼이나

당신도 오고 있을 테니

덜컹덜컹

제주에서 낙조를 보다

내 별에서는 한 발짝만 물러서면
석양은 계속 볼 수 있는 거야
여우에게 말했지

제주 여행길에
짐 가벼운 나그네는
작은 의자 한 걸음 뒤로 물리듯
화산 절벽 위 수월봉에서
하루 해의 마지막 떠나가는 길을
찬찬히 따라가다가 문득,

사람이나 자연이나 매양 한 가지
마지막 모습이 예뻐야 정말 예쁘다는 것을

여우는 알기나 할까!

오솔길

좁고 불편했던 작은 길

네 손을 잡고
걸었던 길

굽고 팬 길에 쌓인 추억
주고받은 이야기들

다시 걷고 싶은
예쁜 길

운해

품고 있는 것인지
가리고 있었던 건지

사람 사는 마을도
섬진강 푸른 강물도

연막탄 마구 터뜨리듯
뭉게구름 속에 갇혀 분간 없는데

와! 와! 아자아자!
연신 쏟아내는 칭찬 소리에

멈춰야 할 곳도 지나쳐
지치도록 달려왔던 지난날들

구름 걷히면 보이는 세상일처럼
되살아난 아린 기억도

뽀얀 수증기 탕에 속살 담그듯
시원해지는 아침이다.

바탐섬으로 가면서

싱가포르에서 페리를 타고
인도네시아 바탐으로 가는 길이
한 시간 젊어진다고
참, 묘하다.

오래전 읽었던
팔십 일간의 세계 일주에
하루를 벌었다는 이야기처럼

한 시간 뱃길에
한 시간 젊어진다면

진시황 불로초가 여기 있었네!
잠시 즐거움에 젖어 들면
그 묘한 놈이

빌리고 당겨 미리 써버린 빚덩이처럼
언젠가 갚아야 할 원금 같아서
주춤주춤 그런지

한 시간 갈 여행길에도
여행자의 기다림은
채워지지 않은 채 항아리 바닥만 긁고 있다.

반딧불이를 찾아서

남국의 밤이 찾아와서
알아들을 수 없는
장황한 뱃사공의 목소리로 배가 뜨고

별빛 하나 없이
달빛도 자취를 감춘 곳으로
넓은 강물을 통통 거슬러 올라가노라면

늘어선 맹그로브 나무에 성탄 조명하듯
그 누군가가 전깃줄 이어 놓아
작고 작은 꼬마 등을 꽂아 둔 것인지

잔물결 일렁이는 어둠 그림자에
곱고 예쁜 아기 별들이
반짝반짝 가냘픈 몸짓이 눈에 들면

고향집 추억 한 조각
은하수 쏟아지는 깊은 밤에
손가락 걸며 당신에게 들려준 세레나데처럼

소망을 적어 띄워 올린 풍등을 쫓아서
마음 맞춘 지 십일 년, 함께 온 초로의 여행자는
나직이 개똥벌레를 따라 부른다.

삼박 오일

한때는 그랬다.
밤을 낮 삼아
달콤한 잔업수당에
죽지 않을 만큼 그랬다.

밤 비행기
그리고 새벽 도착
닷새라는 시간의 허상에도
그저 좋아라 했었다.

잠이 안 온다.
시끄럽다, 엔진 소리
들뜬 여행객의 재잘거림 나부끼는 게
칠흑 어둠에도 너무 환했다.

맥주 한 잔에도
작은 글자의 소설책도
오늘 지나 내일이 걱정인데도
시험 전날 벼락치기처럼

어찌 되겠지
할 수 있는 게 없어서
마땅히 할 것도 없다는 것이
그래, 대부분은 그랬던 것 같다.

피할 수 없으면 즐기라고
근데, 그게 말대로 쉽겠냐고 따지듯
마음먹은 대로 한다는 게
그냥 쉬운 것이 아니라는 것에

또, 한 수 배운다.
마냥 무탈하기만 빌었던 새벽과 같이
주어진 일정 삼박 오일 그 안으로
다들 그리해 왔었다는 것을.

05

내 짐이 무거워
다시 꺼내는
기도

일탈

하고 싶은 건 꼭 해 봐

후회할지도 몰라

그래도

미련은 없을 테니

아버지와 아들

성경을 읽다가
엘리와 그의 아들과
사무엘과 그의 아들이
같은 것 같은데
엄청 다른 결과에
두렵고도 걱정이 되어
두 손 모아
기도합니다.
하나님과 예수님 앞에 선
믿음의 선진처럼
나와 아들이
닮아가게 하소서.

다 이루기까지

다 이루기까지
나를 떠나지 않겠다고
약속하신 하나님

야곱의 돌베개로
꿈속에라도 사닥다리로도
찾아오신 하나님

나에게 허락한 것을
다 이루기까지
나와 함께

내가 어디로 가든지
나를 지키며
나를 이끌어서

나와 내 자손으로
복이 될지라
보증하신 하나님

허락하신 말씀 좇아가는
다 이루기까지
나의 약속입니다.

적반하장 II

성도의 삶이 예배가 되어야 하듯
목사님의 삶은 설교가 되어야 하는데
손가락질로 가리키는 검지 하나이지만
자신에게 향하는 손가락은 세 개나 되듯이

잘못되었다고
고쳐야 내일의 삶이 있다고
큰소리치며 겨우겨우 잡은 권력이
하는 짓이 전만 못한데도
매번 변명과 이유가 전임자 탓에
전에는 이보다 못했다는 레퍼토리가
예전이나 지금이나 한설 똑같다.

잘 되면 자기가 잘해서
문제가 생기면 아빠 탓하는 것이
우리 집 아들 녀석 하나만으로도
버겁기가 그지없는데

너나 잘하라는 듯
핀잔인지 비아냥거리는지, 눈치 보여서

말문도 생각도 멈춰야 했던 훈수는
목청 아래 딱지처럼 말라지고

"세상이 왜 이래, 왜 저래"
테스 형 찾던 그 노래 그 가수가 생각나서
세월이 힘들다고 읊조리는데

과연, 나는 일상에서 예배하고 있는지
예배자의 삶을 살아가기는 하는지
뉴턴의 운동법칙이 생각났다.

선물 목록

밧단아람에서 돌아온 야곱에게
하나님이 주신 선물이

발꿈치 잡은 이름 대신에
이제부터 이스라엘이라 부르겠고

백성들의 총회와 왕들이 네게서 나오도록
생육하고 번성하라 명령하시고

너와 네 후손에게 주겠다고 약속한 땅은
할아버지와 아버지에게 준 가나안 땅이라는 게

가난한 재산 목록에 추가되는 것이 없는 것처럼
예전에 이미 약속하셨던 것들이라서

해 아래 새것이 없다는 선물을 받고서
자족의 은혜에 감사를 노래합니다.

아름다운 나라

두 눈을 감아도
환하게 빛나는 그곳
오로라가 있는 백야처럼
참 아름다워라!
하나님의 나라는
슬픔도 아픔도 고통도 없는 곳이라

들어도 알 수 없고
보아도 보이지 않아서
자꾸만 뒤돌아보았던 이곳
후회와 걱정으로
하루하루 견뎌내는
다툼과 경쟁, 시기 질투 이곳에서

나 떠나갑니다.
남들은 말하지, 틀렸다고
힘들게 왜 그 길이냐고 말들 하지만
참 아름다워라!
하나님의 나라는
나의 자랑도 의가 조금도 없는 곳이라

단순한 선택도
내게는 버겁기만 한데
예수님 손잡고 지쳐도 멈추지 않으며
주님 가신 이 길을
주님 가르쳐 주신 곳으로
나 이제 걸어갑니다. 하나님의 나라로

참 아름다워라!
하나님의 세계라
내 본향 영원한 안식의 나라로
나 이제 갑니다.
주님 계신 그곳, 하나님 나라로
이제 나 걸어갑니다.

새벽 예배당

장독대에 맑은 물 올려두고
새벽마다 습관처럼
두 손 모아 빌던 어머님

매일 아침 한적한 곳 찾아
얇은 큐티 책 한 장에
깨알같이 적던 아내가

바라고 원하고 빌었던 것처럼
시간이 멈춰버린 듯
새벽 고요가 가까이 오면

새벽닭 울음소리에 이끌리듯
찾아간 백 년 넘은 예배당에서도
주절주절하는 나의 바람

야곱처럼 살았던 나에게
이스라엘이 되기를 원하시는데

절뚝거리며 걸어왔던 지난날이

죄송하고 미안한 것뿐이라
눈물에 간절함 더하고

돌베개 세우던 그날 그때처럼
찾아드는 평화에도, 주여!
내 짐이 무겁습니다

이름값

한적헌 텃밭은
상추밭이었다가
깨밭이 되고
고추밭 옆에는
당근도 심었습니다.
감자 캐낸 곳에는
거름 넣어 쪼아둔 배추밭
김장배추가 자라겠지요.

누구네 아들로 태어나
학교에서 공부하고
누구 남편으로
아버지가 되었습니다.
직장에서 불리던 직책도
당호나 별명같이
닉네임도 호칭으로
가볍지 않은 이유가 되었고

내 것이지만
남에게 더 친숙해야지

기억조차 못 하고 잊힌 채로
손가락질당하고 있지는 않은지
하나님의 사람으로 제대로
이름값 하며 살고 있는지
오늘 새벽에
기도 제목으로 남았습니다.

녹슨 못으로

내가 당신을 못 박았습니다

당신이 사랑하는 고아와 나그네
십자가에 달림으로 살리신
아픈 자와 빈한 자를
내가 외면하였고

앞서가는 사람은 금수저 덕이라서
불공평하다고 헐뜯으면서도
뒤처져 쫓아오는 이에게는
게으른 탓으로

당연했던 녹슨 마음이
나와 다르다는 녹슨 생각이
녹슨 말과 녹슨 행동을 낳아서

베풀면서도 교만하고
함께 있으면서도 차별하고
사랑이라면서도 내가 먼저였던 것이

오, 예수님!
제가 오늘도 못 박고 있습니다
녹슨 못으로

소격

퇴직 앞둔 마지막 출근길에
그냥 지나쳤던 것들이
낯설어 보인다

아파트 엘리베이터의 숫자부터
도로 위 낡은 표지판
등교하는 학생들
사무실 내 의자까지

심하게 다투고 몇 날 소원했던 아이처럼
휴가 나와서 만난 옛사랑처럼

낯설게 보이는 지금 이 시간이
보고 싶고
그리워지고
한참은 또 방황하고
지나쳐 가듯이 찾아서 가보겠지!

다르게 본다는 것
다르게 생각한다는 것

의도적으로 거리를 두는 것이

성가신 엉겅퀴 가시가 찍찍이 벨크로가 되고
다이슨의 무선 청소기가 되었다는 것을

갈림길에서 신발 끈을 고쳐 묶으면서
지금에서 한 발짝 떨어져서
조금 다르게
조금 삐딱하게

낯설게 보기로 하자
달리 생각하자

잊고 산 것들

오월, 밤하늘
윤슬 닮은 별빛이
새로 칠한 평상마루로 쏟아져 내리면
뻐꾸기 뻐꾹뻐꾹 앞서고
소쩍소쩍 소쩍새 뒤따라 나오고
자기 이름을 서로 부르며 노래하는 새들 사이로
찌르르 찌르르 풀벌레의 청춘가가
콧등을 간질간질해 오면
가만히 바라본 밤하늘 까만 화폭에는
북두칠성도 카시오페이아도 은하수 강물 위로
비행기 바쁜 불빛 너머로 갑자기 사라진 별똥별 찾아서
스르르 감겨버린 두 미간
합주하듯 풀벌레의 감미로운 가락이
알 듯 모를 듯 헷갈리는 게
문화회관 연주회보다 더 좋은데
아파트 불빛에 보이지 않던 별빛처럼
자동차 소음에 묻힌 풀벌레 소리가
행여 내 큰 목소리 때문에
내 강한 주장에 잊힌 것이 아닌지
밤하늘 여린 달빛에도

넋 놓듯 희롱질 당했던 미소년처럼
오도 가도 못합니다.

머피의 봄비

봄비다.
겨울비처럼 내린다.

어제 태추 단감 다섯 그루를 심었는데
나무 간격이 너무 좁다고 해서
사이에 있는 두 그루를 다시 옮겨 심으면서
대봉 두 그루를 더 심었다.
비를 맞으며

어제 담벼락에 심은 장미 세 그루에 물을 주었는데
비가 오고 있다.
불과 서너 시간 전이었는데

지인이 산수유 두 그루를 갖다주기에
또 비를 맞으며 구덩이를 팠다.
밭모퉁이 돌무더기에 내 영역 표시하듯
힘듦을 사서 하는 것이

뒷다리 들고 내 것이라고 점 찍듯이
자본주의, 신자유주의에 찌든 내 모습이라니

깜놀, 깜놀이다

봄비가 내린다.
앞마당 잔디 위에도
텅 빈 밭, 새순 피울 나뭇가지에도

나의 삼 막 새 인생길에도
봄비가 온다.
매번 머피처럼 내리지는 않겠지.

뫼비우스

한번 꼬여버린 인생길에
이만큼 살아온 것도

잘못된 만남처럼
아닐 것 같은 그 길도

바라보는 게 달라서
마주칠 일이 전혀 없을지라도

아직도 갸우뚱하고 있지만
삶은 이어져 가고 있고

잡풀

그 누가 제 이름을 불러주기까지
먼저 앞서는 법이 없습니다.

어디에서 왔는지
좋은 곳인지 나쁜 곳인지
뿌리내리고 살아가야만 합니다.

비슷한 모양으로
비슷한 크기로
내가 아닌 다른 것으로
다른 새의 둥지에 놓인 탁란조 알처럼

꽃이 필 때까지
씨앗을 날려 보낼 때까지
당신의 이름이 기억될 때까지

살아있어서 아름다운 것들
되찾은 제 이름으로
공동체 이름으로
함께 도전해야 할 이유입니다.

당신의 이름을 힘껏 불러주겠어요.
당신은 우리의 미래니까요.

웃을 수 있다면

까르륵까르륵
히히히
쉴 사이 없이 웃고 웃는다
웃음 나사 하나가 풀려버린 것인지
너무 세게 죄어버린 것인지
눈길 한 번 주지 않던 무감각 같았는데도
서툰 몸짓 하나에
불분명한 단말마 외침에
끽끽 헤헤 오오
하회탈 뒤집어쓴 것 같이 웃고 웃는다
웃음보가 터진 듯이

소용히 하라는 한마디에
일시에 찾아든 침묵
그러고는 잠시 잠깐
뚝 떨구어진 작은 방귀 소리에
재가동 버튼에 움직이는 컨베이어 벨트 위로
한 사람 한 사람씩 전염이 되어간다
웃는 것이 직업인 양
값비싼 웃음을 파는 쇼걸인 것처럼

장애인 캠프에 자원봉사자로
하룻밤 지낸 나는
웃음 많은 이곳에서
제대로 한 번도 웃지 못하고 있다
웃고 싶다
언제 어디서나
내 마지막은
웃음이었으면 좋겠다고 생각했다

웃음은 늘 공평하다
햇빛과 빗물, 바람이 아버지의 선물이듯이
가지거나 부족하거나
누구에게나
공평하게 주어지는 값싼 것인데도

왜 누리지 못하고 피하고 있는지
얻거나 잃어버리거나 하는 것도 아닌데도
내 머리에 채워지지 못해도
내 그릇에서 퉁겨져서 나가면
그냥 웃어야 하는데
그냥 웃는 것인데

그냥 웃으면 되는데도

기도 IV

나에게 있는 것으로
사랑합니다
내가 가진 것으로
봉사합니다
내게 주신 것으로
기뻐합니다
내가 구한 것으로
감사합니다

하지만
그리 아니 하실지라도
함께 하심으로
나는
늘 찬양합니다

샐리의 법칙

비가 올지 말지
인터넷 검색도 하고
손바닥에 침 튀겨 점치듯
하늘도 한참 쳐다보고 나서

어제저녁 무렵에
고추밭에 약을 쳤습니다.

새벽 기도 마치고 돌아오는 길
보슬비도 낯설었는데
갑자기 소낙비가 내립니다.

강수 확률 20%이던데
일에는 징조가 있다지만
판단은 과정이 아니라 결과라서
0 아니면 100이라서

하지만
그냥 지나쳐 보낸 것이
괜히 한 것보다 열 배는 더

쓰리고 아팠기에

오늘 저녁에
또 농약을 쳐야 해도
괜찮다고 좋다고 말했습니다.

새벽에 다시 드리는 기도

야곱처럼
다니엘처럼
요셉과 다윗처럼
영광과 성공이 좋아 보여서
주문같이 올렸던 기도가
입다의 서원 같아서
내가 가고 싶었던 길은 아니었는지
축복이라고 등 떠밀고 있지는 않았었는지
프로크루스테스 침대에
우리 아이가 누워 있는 것은 아닌지

여호와여!
나보다도 나를 잘 아시는 분
내게 주신 족한 은혜에
감사 기도 밖에
더 드릴 말씀이 없습니다.

주여!
언제까지나 우리 아이가
하나님을 모른다 배반하지 않고

하나님의 사람으로
살아가게 하소서.

아마도 그럴걸

다들 오늘이 가장 어릴 날이라고
앞으로 남은 청춘의 때보다
살아낸 젊음이 더 길어질 것이라고 말하지요.
또 올해 지겹도록 지독한 불볕더위가
앞으로 다가올 어느 여름날보다
아마도 가장 시원할 것이라고 말하구요.
확실한 오늘이란 패를 저당 잡히고
꿈꾸어 왔던 의문의 내일이
그래도 했지만, 아마도
후회할 과거로 남겨질 것이 뻔한 일기장에
주중에 낀 광복절 휴일
잠시이지만 멈춰준 짬의 여유
발코니 그늘과 함께 진한 커피 향을 사이에 두고
계절은 멀기만 한데 앞서 찾아온 가을 향기에 취합니다.
앞으로
같은 날, 같은 생각
같은 풍경 속에 존재할 수 없는 나이겠지만
매일매일 꿈꾸며 버텨내며 살아온 날은
기다리며 기대도 많았고
그리워하면서 아파도 했었지만

맞닥뜨려진 매 순간에는
이 또한 지나가리라 수백 번을 되뇌며 참아냈던 순간들이었지요.
아마도
오늘 하루도
그렇고 그렇게
그냥 그냥 살아가고 있겠지만요.

행복한 것은, 아마도 오늘만이
내가 할 수 있는 최고의 내 날이니까요!

창세기 35장

가봐야지 와야지 한 게
여름과 가을 지나 겨울 오늘에야
감옥에서도 자유한 신영복 교수의 더불어 숲
깊게 박힌 돌덩이 하나에
자족하고 계실지

얍복강 나루터 약속
고향길 찾아가던 야곱처럼
구스 땅 벧델보다 세겜 땅 숙곳에서
자기를 위하여 집과 우리를 짓듯
화산 아래 한적하게

버러지 같은 너 준아!
어쭈 이만하면 잘 살지 않았냐고
반항도 하고 삿대질도 하고 싶었는데
이별의 아픔도 선을 넘던 고통도
견뎌내야 하는 것이라고

이스라엘아! 다시 부르시고
축복으로 두려워 말라고 하시니

생육하고 번성하라 하신 약속의 말씀 따라서
나무의 소망은 숲을 이루는 것
더불어 부대껴야 하듯

과거와 현재가 뒤섞여서
이 사람 저 사람, 희로애락을
뒤죽박죽 떠오르는 생각과 사건들이
사명대사 모과나무같이
처음처럼 살아야지

했다.
한참을 걸터앉았던 큰 바위가
사색도 묵상도 하였는지
기도 마친 나에게
겨울 햇볕이 곱지 아니하냐고

깜빡깜빡

별이 보인다.
명절 연휴 첫날 새벽하늘
주인 잃은 리라*의 구슬픈 가락에
신호등은 밤새도록
함께 울어주었던 것인지
눈물을 훔친다고
깜박깜박

잊고 있었던 것들
소중한 것들
그때는 무용담으로
철들어서는 부끄러움과 미안함으로
한 절 한 절 남겨진 흉터
노랫가락이 되어
깜박깜박

저승과 이승
그 어디가 되더라도
광기 어린 분노를 잠재우고
피를 보는 복수의 여신도 눈물짓게 한

오르페우스의 리라처럼
살아내고 싶었다고
깜빡깜빡

그때나 지금이나 한결같이
그곳에서 그대로
고향 마을 어귀 정자나무처럼
묵묵히 자기 소임을 다하는 가까운 사람들이
부대끼며 살아가야 할 세상
깜빡깜빡
별빛이 너무 고왔다.

* 리라(Lyre)는 기원전 3000년경부터 메소포타미아, 이집트, 시리아에서 쓰인 하프의 원조 악기

나와 나의 종을 위하여

니 봉쥐니 동생 아이가
뭐 하노? 야는 그냥 보내 주그라 마

흙담 높은 골목에서 잔뜩 겁을 먹고
'어휴 죽었구나' 고개도 들 수 없었는데

동네 건달을 친구로 둔 작은 형 덕에
밤길도 낮처럼 다닐 수 있었습니다.

사망의 음침한 골짜기를 다닐지라도
해를 두려워하지 않을 것이라고

고백할 수 있었던 다윗 왕처럼
든든한 백그라운드 형이 좋았습니다.

사십 년 "내 너와 함께하리라" 하시고
함께 가 주신 하나님처럼

깊게 팬 경험은 질긴 관성이 되어서
차곡차곡 쌓여 온 믿음 하나만으로

'나와 나의 종 다윗을 위하여'
일방적인 말씀도 '아멘'입니다.

어깨동무

넓고 큰 닭장을 새로 지어서
이사를 시켰더니
다섯 마리 닭 남매는
모퉁이 구석진 자리에서
한동안이나
움직이지도 않고 꺼억꺼억 하더니

먹는 둥 마는 둥
불편한 건지 아픈 것인지
집 구경도 미루고
좁고 긴 철봉 난간 위에서
촘촘히 앉아
비좁고 불편하게 하룻밤을 지새우다니

새끼발가락이 끼인 맞지 않는 형 신발이
디자인도 별로라서
낡고 헌 내 신만 신고 다녔더니
복에 겨웠다고
역정 내시던
이해할 수 없었던 그때 아버지가 생각나는 게

좋다고 좋은 것만 아니라서
내 생각과 네 생각이
다를 수 있다는 것을 알면서도 늘 고집하는 것이
새 닭장이 넓고 좋다고 생각했지만
두렵고 불안해서
동무의 어깨에 기대어 잠이 든 것인데

편하고 그냥 그런 게지

이미 버렸노라!

"여호와께서 사무엘에게 이르시되
그의 용모와 키를 보지 말라.
내가 이미 그를 버렸노라.
내가 보는 것은 사람과 같지 아니하니
사람은 외모를 보거니와
나 여호와는 중심을 보느니라 하시더라."
(사무엘상 16장 7절)

코로나에 길든 탓인지
나이가 듦에 자연 현상인지
외면하고 싶은 시간이 늘어나고
몸 움츠리는 날이 많아진다.

밤늦은 시간 마지못해 찾은 상갓집에서
보여야 할 얼굴 하나하나 들추면서
혹시 나도 한순간에
외면되고 잊힌 것은 아닐지

대수롭지 않게 생각하고
온라인 부조로 위안했던 많은 관계들

그보다 더 많이 눈 감고 지나쳤던 순간들이
꼼꼼히 챙기시는 하나님 앞에서 회계할 때가 되면

용모와 키가 아니라 니 생각머리가 못되어서
나도 버려질 수 있다는 것에, 깜놀!
제대로 크게 한 방 먹었다.
아침 묵상에서

혜존

숙제 검사 받는 아이처럼
가지런한 마음으로
용기를 냅니다

아내가 좋아했던 분께
먼 길 떠난 지 3년
결혼 30주년 앞두고

약한 자와 늘 행복했었던
아내 얼굴 떠올리며
몇 글자 담아서

만나면 헤어지는 인생길도
재회의 믿음 가지고
살아가고 있음에

졸저를 동봉합니다
널리 읽히기 기대하는
절절한 마음으로

총총

어느 여행길

설 재 수

움직인다
그리고 빨라진다
가슴으로 짓눌리는 중력 그리고 이륙
항상 그래왔다
한번 시작하면 그 일은 피할 순 없었다
가슴으로 느끼고 어깨로도 느끼고 슬픔도 기쁨도
모두 같은 친구였다
설레는 시작이 있고
아픈 시련이 있고
허무함이 있고
늘 무언가 찾고 있었다
맞았다, 내가 항상 갈망하고 있었던 건
바로 자유
10월의 푸른 제주도처럼

10월의 제주도

설 재 수

짓눌린 검은 현무암

제주도는 다르다

달콤한 바람이 분다

일에서 잠시 잊어버린 것, 곧 자유

영실 위 병풍바위는 나를 압도한다

난 왜 마음이 좁을까?

난 왜 버리지 못할까?

저기 저 먼 서귀포 바다 위 뭉게구름은

다소곳이 올라와 나를 내려다보고

미소 짓는 듯 평안하다

여인의 머릿결 같은 달달한 바람이 불어온다

그리고 우리들의 이야기는 파도 소리처럼 속삭인다

사랑하는 사람들이 많아졌다

10월 제주도에서는 …

설재수_ 파워배드민턴 회원으로, 내일보다 오늘이 행복하기를 소망하며 살아가는 저자의 갑장 친구이다.

아침 산책

박 순 자

제주도에서 맞는 아침
펜션을 나서서 정갈한 길에 오르면

온몸으로 느껴질 잔바람들이
바닷가 나뭇잎을 비집고 언제 다가왔는지
젖은 말로 인사를 해온다
깜짝 놀란 내 살결은
새살처럼 소름 돋듯 놀라서 멈칫하면

주미랑
미영이랑
순자의 두 발, 여섯 발걸음이
느릿느릿 그리고도
사뿐사뿐하고

묻어두었던 이야기
두런두런 하하 호호
이웃집 담벼락 넘어 꽃들도
정돈된 별장 마당 나무들도

마주 서서 정겹기가 그지없는데

소곤소곤
내 이야기가 계속 이어진다

박순자_ 파워배드민턴 총무로, 운동을 좋아하고, 여행을 즐기는 가정주부이자 저자의 동갑 친구이다.

여행

정 은 미

오랜만에 버스에 올랐다
창문 너머 보이는 경치가 참 반갑다

태어나서 처음 가보는 성주
민속 마을을 둘러보고
세종대왕 태실이란 곳도 보았다

태실을 처음 접했는데
그곳을 세 바퀴나 돌았다
기운이 참 좋았다

알고 왔다면 더 좋았을 걸

길 떠나 찾아간 명례성지
마음 편해지는 자연의 선물 같은 곳
액자 속의 그림 같은 곳에서 주인공이 된 듯

여행길이 맛난 맛집처럼
내 인생길처럼 달콤했으면 했다.

울 엄마

정은미

언제나 부르면 달려올 것 같았던 울 엄마

평생 웃는 모습 본 적이 없었던 기억인데
엄마의 기억이 조금씩 사라져 가면서
이제는 큰 소리로 활짝 웃으시는 울 엄마

내가 찾아가서 엄마하고 부르지 않으면
내가 딸인지 이름이 뭔지 나이가 몇 살인지도
기억이 없으신 울 엄마

그래도 그래도
지나온 세월이 구십하고도 이 년 더 넘어
내 곁에서 오래도록 건강한 모습으로 남아주셔서
큰소리로 더 활짝 웃는 모습 볼 수 있었으면

언제나 부르면 달려가고 싶은 울 엄마의 딸

정은미_ 파워배드민턴 회원으로, 함께하는 행복한 공동체 만들기에 고민하며 나누는 삶을 실천하고 있다.

백수

허 명 호

아빠, 백수가 뭐야?
응 시인이란다

아빠, 백수가 뭐야?
응 농사짓는 사람이란다

아빠, 백수가 뭐야?
응 강의하는 사람이야

아빠, 백수가 뭐야?
응 교수란다

아빠! 아빠는 어떻게 그리 잘 알아?
응 아빠 친구 중에 손이 흰 백수가 있거든

허명호_ 파워배드민턴 회원으로, 건축사 사무실을 운영하며 행복한 주거 공간을 건축하고자 동분서주하는
저자의 멋진 아우이자 길동무이다.

나는 이 시들을 읽었다

정 수 영

차가운 공기와 어렴풋한 햇살이 감돌던 11월, 아버지와 나는 점심 차 들른 초밥집에 마주 앉아 있었다. 우리는 어떤 주제를 가지고 큰 의견 차이를 보였는데, 내 생각에 건전한 의견 교환이라던가 하는 생산성 있는 시간은 아니었다. 아버지의 단어는 내게 어른을 설득하려 들지 말라는 방어적 태도로, 너무 뾰족하게 굴지 말라는 속 편한 소리로 읽혔고, 나는 그 앞에서 조금 무시당하고 있다고 느꼈다. 그런 다툼은 실로 오랜만이었지만, 사실 낯선 것은 아니었다.

멀지 않은 시절에, 나는 부모에게 모진 자식이 되고 싶었다. 부모가 나와 당연하게 공유할 수 있다고 여기는 삶의 암묵지가 불필요한 규칙처럼 다가올 때의 일이었다. 그럴 때면 나는 그 모든 것이 어른들의 문제라고 생각했다. 자식의 마음을 어쩜 그리 몰라 주는지! 몰이해, 구식 가치관으로 나를 설득할 수 있다고 믿는 권위, 앞가림 못하는 어린애를 한심해하는 어른의 냉소. 아버지도 내 나이 때 그렇게 현명했느냐고, 왜 딸의 세계를 지탱하는 문제에 남의 일처럼 고개를 돌리시는지, 한 걸음 멀리서 거리를 두시려는 것 같아 그리도 서운했었다.

시간이 지나자, 부모와 자식이 으레 겪는 열렬한 전투는 나에게서 동생의 몫으로 옮겨 갔다. 학교를 졸업하면서 가족에게서도 졸업했다는 듯이. 어머니의 부재는 곧 서로에게 가족이라는 이름의 상처를 지워서는 안 되는 이유 중 하나였고 또한 그 관계를 지탱하는 유대이기도 했다. 아버지는 내게 아무것도 바라지 않는 것 같았고 나도 그랬다. 그리고 그것이 평화롭고 안정된 관계라고 믿었다. 그러나 11월 그날 재개된 아버지와의 균열은 내 생각이 낙관이었다고 말하는 것 같았다. 그렇게 그 하루는 내게 이 관계가, 정확하게 말하면 아버지에 대한 나의 마음이 돌이킬 수 없이 변화한 날로 기억될 것 같았다.

서로의 삶이 평화로운 평행선을 그리며 몇 주가 흘렀다. 다툰 일이 사소한 문제로 잊힐 만큼 추웠던 12월, 다시 한번 탄핵을 외치며 나선 길바닥에서 나는 수많은 이들을 만났다. 각자의 어려움을, 그 각자의 어려움에 도통 무관심한 사회를, 그 각자의 어려움에 도통 무관심한 사회에 대한 투쟁을 주먹 치켜들며 외치는 이들의 얼굴을. 온 나라가 술렁였다. 광장은 평생 가까이 지낼 일 없을 이들을 결속하는 공간이 되어 삶들이 겹치는 구심점으로 작동하고 있었다. 공동의 목표 아래서는 누군가가 겪은 부조리가 너무도 쉽고 자연스럽게 모두의 문제로 받아들여졌다. 비록 그 결속이 일시적이라 할지라도 그러한 접점이 생기는 것만으로도 분명히 더 많은 이들이 무한히 겹쳐가며 새로운 이해를 만드는 계기가 될 수 있을 것이라고, 모인 사람들은 더 나은 미래를 이야기했다.

그때 피곤한 몸을 이끌고 돌아온 집에서 아버지가 보내온 이 시집의 파일을 발견했다. 이전에 약속했던 에필로그 글에 대한 요청도. 방금 나의 삶이 어디에 있는지 분명하게 느끼고 온 나는 시를 읽고 싶지 않았다. 나의 현재에 뿌리내리지 않은 것을 감상하고 내가 무슨 말을 할 수 있을까? 하지만 동시에 책임감이 슬그머니 고개를 들었다. 이것도 딸이라고 키운 아버지가 글 하나 받고 싶다는데, 못 쓸 이유는 무엇인가? 시를 읽지 않아도 내 글은 쓸 수 있다. 그리하여 첫 문단을 썼을 때 이 글의 제목을 '나는 이 시들을 읽지 않았다'로 정했다.

하지만 파일을 받고 첫 시를 읽은 순간, 나는 그것이 불가능함을 느꼈다. 이 책은 분명히 나의 삶과 연결되어 있을 것이었다. 가족에게서 내가 분리될 수 있는가는 나의 오랜 의문이었다. 나를 한 개인으로 길러낸 것은, 양육자의 세계를 벗어난다는 선택지를 고를 수 있게 한 것은 바로 그 아버지의 삶이라는 것을 나는 알고 있었다.

다시 수많은 이들의 목소리가 교차하는 광장으로 돌아가 보자. 나는 익명의 목소리를 그토록 쉽게 나의 일로 받아들이면서, 왜 아버지를 이해하는 일을 포기했을까? 너무도 오랫동안 내게 아버지는 '그런 사람'이었기에, 그 초상을 바꾸어 그릴 생각도 하지 못한 게 아니었을까? 이런 부분이 존경스러운 아버지, 하지만 저런 부분은 지긋지긋한 아버지. 그렇게 정해진 모습에 의구심을 가지게 된 것은 1987년 6월, 서면 거리에 나섰던 과거를 무용담처럼 늘어놓는 아버지의 목소리를 들으면서였다. 짧은 충격이었다. 나는 아버지가 적어도 나의 시대보다 훨씬 평화롭지 않은 시절에서 살아남았다는 사실을 이미 알고 있었다. 그럼에도 왜 나는 아버지의 삶 또한 내가 듣고 연대한 많은 이들의 그것처럼 수많은 투쟁의 집합체라는 것을, 내가 거기에 들어가 그를 온전히 이해할 수도 있음을 받아들이지 못했을까?

그 지점에서 나는 광장에서 처음 마주치는 이들의 목소리를 들은 것처럼 아버지의 목소리를 듣고 싶어졌다. 세상은 나의 슬픔에도 아픔에도 관심이 없다(p24, 〈기회〉)는 것을 이미 알고 있었던 사람, 다름은 틀림이라 말하는 사회에 선택지를 빼앗겼던 청년(p105, 〈민들레꽃이 뽑혔습니다〉), 그리고 일상의 많은 일들에 내가 그런 것은 아닌지(p125, 〈핑계〉) 돌아보며 끝없이 생각을 멈추지 않는 지금의 아버지. 그런 것들은 짧은 문자열을 훑는 것만으로도 내 안에 받아들여질 수 있을 정도로 선명한 것이었다.

그러니 한 발짝 더 나아가, 방어적이라 생각했던 아버지의 태도는 나의 공격성에서 비롯된 것이었을까? 너무 뾰족하게 굴지 말라는 말은 어쩌면 너는 나와 닮았다는 말을 입버릇처럼 뱉던 아버지의 성찰이었을까?

이전 세 권의 시집에서, 나는 아버지에 대한 존경과 가족이라는 책임감, 그리고 무엇보다 우리 공동의 슬픔 – 어머니에 대한 그리움으로 행간을 채웠었다. 그러나 그 뒤에 있던 수많은 아버지의 모습을 보면서도 읽어내고 싶어 하지 않았던 것 같다. 내가 바로 그 아버지의 피땀 위에 서 있음을 외면하고 나의 고생만을 고집하던 나의 독선이 보인다.

아버지 자신의 속을 길어내 쓴 글은 결국 그것을 읽는 나마저도 비추게 된다. 그러니 나는 나를 알기 위해서 이 시들을 읽는 것이다. 시를 읽지 않겠다는 오기가 얼마나 편협한 생각이었는지를 알려주기라도 하듯, 오랜 꿈이라는 이름으로 쓰인 시들이, 드디어 자식에게서 해방되었음이 다행스러웠던 아버지의 인생 2막이, 결국 다시 나를 구성하는 일부로 돌아와 있다.

정수영_ 저자의 둘째 자녀이다.

이제는 이 길을 걷고 싶습니다

정 승 준

어떤 시인처럼
숲속 두 갈렛길에서
나뭇잎 고운 오솔길 보면서
넓고 반듯한 길을 택했습니다.

생각과 달리
넓지도 반듯이도 않아
눈물과 아픔, 후회가 많았지만
돌아갈 때도, 용기도 없어서 그냥 걸었습니다.

희끗한 머리로
또, 갈림길에 서서
가보지 않았던 작은 길
보이지 않는 너머가 궁금해졌습니다.

밥 빌지도 못한다고
사서 하는 고생길이라고
가시와 엉겅퀴로 꽉 막혔겠지만
꼬옥 가고 싶은 길입니다.

먼 훗날, 때가 되면
내가 택한 작은 오솔길이
참 행복했다고. 좋은 소풍길이었다고
또다시 걷고 싶은 길이면 너무너무 좋겠지요.

이제 다시 걷고 싶습니다.
후회하고, 잘못된다 해도
내가 선택한 길이
오래도록 남아줄 내 길이니까요.

겨울비,
눈 이 　되 지 　못 하 고

1쇄 인쇄 2025년 1월 15일
1쇄 발행 2025년 1월 16일

지은이 | 정승준
펴낸이 | 김희호
펴낸곳 | 유진북스 U-JIN BOOKS
기　획 | 방수련, 임은희
디자인 | 김보경, 방지영, 하영순
등　록 | 제 2002-000001호(2002년 3월 8일)
- 주소_ 48956 부산광역시 중구 광복로97번길 18, 605호
- 문의_ 051-257-1595~6
- E-mail_ ujinbooks@naver.com

ISBN 978-89-93957-76-1 03810
Copyright (c) 2025 by U-JIN BOOKS

** 이 책자의 판권은 지은이와 유진북스에 있습니다. 저작권법에 보호를 받는 저작물이므로 양측의 동의 없이 책 내용의 전부 혹은 일부분의 무단 전재 및 무단 복제를 금합니다.

이 도서의 국립중앙도서관 출판시도서목록(CIP)은 서지정보유통지원시스템 홈페이지 (http://seoji.nl.go.kr)와 국가자료공동목록시스템(http://www.nl.go.kr/kolisnet) 에서 이용하실 수 있습니다.